WILHELM IMKAMP

Fit für die Ewigkeit

Hieb- und Stichfestes aus der Bibel

WILHELM IMKAMP

Fit für die Ewigkeit

Hieb- und Stichfestes aus der Bibel

Sankt Ulrich Verlag

Bibliographische Information der Deutschen Bibliothek

Die Deutsche Bibliothek verzeichnet diese Publikation in der Deutschen Nationalbibliographie; detaillierte bibliographische Daten sind im Internet über http://dnb.ddb.de abrufbar.

Titelbild: Wallfahrtsdirektion Maria Vesperbild
Umschlaggestaltung: uv media werbeagentur
Mediengruppe Sankt Ulrich Verlag, Augsburg
Druck und Bindung: Ludwig Auer GmbH, Donauwörth
Printed in Germany
ISBN 978-3-86744-104-9
www.sankt-ulrich-verlag.de

Inhalt

MariaVesperbild

Statt eines Vorworts

Ein Interview mit dem Autor über die Verehrung der Gottesmutter aus der Katholischen Sonntags-*Zeitung*:

In unserer bayerisch-schwäbischen Heimat wird der Monat Mai sehr gerne mit der Gottesmutter in Verbindung gebracht. Wie ist dies zu verstehen?

In Bayern wird das Fest der Patrona Bavariae seit 1917 im Mai gefeiert. In diesem Weltkriegsjahr wurde das Fest am 14. Mai zum erstenmal in ganz Bayern feierlich begangen. Einen Tag zuvor war in Fatima die Gottesmutter erschienen. Gerade die Verehrung Unserer Lieben Frau von Fatima gab der modernen Marienfrömmigkeit wichtige Impulse. So sehe ich durchaus eine Verbindung zwischen der Volksfrömmigkeit, symbolisiert durch die erhabene Gestalt der Schutzfrau Bayerns, und der modernen Marienverehrung des 20. Jahrhunderts, die ja durch das Geschehen von Fatima stark mitgeprägt wurde.

In der dogmatischen Konstitution über die Kirche wird die selige Jungfrau als „Urbild der Kirche" bezeichnet. Wie ist das für einen gläubigen Katholiken zu verstehen?

Der theologische Ort, wo von Maria gesprochen wird, ist die Lehre von der Kirche. Das ist gewissermaßen der Abschluß einer theologischen Entwicklung in der Neuzeit. Seit dem Ende des 18. Jahrhunderts haben wir eine stark anwachsende Marienverehrung – als Antwort auf den Rationalismus der Aufklärung – und dabei kristallisierte sich eine Verbindung zwischen Maria und dem Papsttum zunehmend stärker heraus. Die Päpste haben die Marienfrömmigkeit entscheidend gefördert und zwei Mariendogmen verkündet. Damit ist schon eine wichtige ekklesiale Dimension marianischer Frömmigkeit aufgezeigt. Diese Entwicklung findet mit der Integrierung der Lehre von Maria in die Lehre der Kirche ihren krönenden Abschluß. Die Kirche ist wie Maria Mutter. Maria ist der erste im Vollsinn erlöste Mensch, der erste österliche Mensch, und genau das will die Kirche den Menschen vermitteln. Als österliche Heilsgemeinschaft hinzuführen zur vollendeten Herrlichkeit, in der sich Jesus Christus und die allerseligste Jungfrau schon jetzt befinden.

Wenn heute in der Öffentlichkeit von Maria gesprochen wird, dann in erster Linie von der Jungfrauen-

geburt. Ist der Glaube an die Jungfrauengeburt für einen Katholiken entscheidend?

Wissen Sie, solche zugespitzten Fragen halte ich im Prinzip schon für falsch gestellt. Wir müssen nicht fragen, wieviel muß ich glauben, um noch katholisch zu sein. Sondern die Frage muß heißen, was darf ich alles glauben. Die Glaubenswahrheiten sind ja keine Lasten, die aufgelegt werden, sondern Geschenke der göttlichen Wahrheit. Bei der Lehre von der Jungfrauengeburt geht es auch um die christologische Aussage: daß Jesus keinen menschlichen Vater hatte! Die Lehre von der Jungfrauengeburt ist „de fide", nach vielen Autoren sogar „de fide definita", das heißt, wer diese Lehre leugnet, befindet sich in einem schweren Dissens mit der Kirche. Auch der neue Weltkatechismus betont in ganz besonderer Weise die Lehre von der Jungfräulichkeit Mariens (Nr. 496–501).

Die Verehrung der seligen Jungfrau in der Kirche. Ist das eine hilfreiche Übung für marianische Randgruppen?

So lange verschiedene Gruppierungen Maria noch verehren, können sie nicht so ganz am Rande sein. Die Mutter führt immer zum Zentrum. Maria führt zum Zentrum des Glaubens, und das ist ihr Sohn Jesus Christus, den sie uns geschenkt hat. Sicherlich gibt es auch wie in jeder

Frömmigkeitsform Übertreibungen und Überhitzungen. Aber auch hier gilt natürlich der Satz: Der Unwert des Mißbrauchs setzt den Wert des Gebrauchs voraus.

Wenn es heute um Marienfrömmigkeit geht, wird auch innerkirchlich sehr schnell gewarnt vor dahinterstehenden Ideologien und sektiererischem Verhalten. Wie sehen Sie das?

Innerhalb der katholischen Kirche gibt es keine Sekten. Wenn Sie so wollen, kann man überall da, wo sich Gruppen in der Kirche vom Glauben der Kirche und vom Primat des Nachfolgers Petri, das heißt vom Heiligen Vater lösen, von Sektenbildung sprechen. Ich halte es nicht für hilfreich, zur Klassifizierung und Stigmatisierung innerkirchlicher Strömungen, wie man sie nun auch im einzelnen beurteilen und wie auch immer ihre theologische Qualifizierung sein mag, den Beriff der Sekte, der religionssoziologisch sowieso etwas ganz Schwieriges ist, heranzuziehen.

Gibt es für Sie einen Zeitpunkt, wo Sie sagen, jetzt steht die so praktizierte Marienfrömmigkeit nicht mehr im Einklang mit der Kirche?

Oh, ja. Das ist zum Beispiel überall dort der Fall, wo Marienerscheinungen, die von der Kirche ausdrücklich abgelehnt sind, weiter propagiert werden. Überall da, wo gegen die Entscheidung der Kirche, das heißt gegen die zuständigen, legitimen kirchlichen Obrigkeiten ein bestimmter Kult gepflegt wird, kann man sicherlich von einer Grenzüberschreitung sprechen. Natürlich wächst überall die Gefahr abseitiger Kulte, wo gesunde Volksfrömmigkeit nicht mehr gepflegt wird.

Wie kann Maria zum Zeichen der Hoffnung und des Trostes für das wandernde Gottesvolk werden?

Auf diese Frage muß ich natürlich pro domo antworten. Für mich ist das Marienbild, das mir am meisten Hoffnung vermittelt, das dem Menschen von heute am nächsten ist, tatsächlich das Vesperbild. Maria ist uns als schmerzhafte Mutter besonders nahe. Als schmerzhafte Mutter hat sie mit ihren Tränen auch schon unsere Tränen geweint. Und hier in Maria Vesperbild gibt es noch die große Besonderheit, daß die schmerzhafte Mutter uns durch ihren toten Sohn auf den lebenden Sohn im Tabernakel hinweist. Die Hand der Leiche Jesu, die von Maria gehalten wird, hat einen ausgestreckten Zeigefinger, und dieser deutet auf den Tabernakel, auf den fortlebenden Christus im allerheiligsten Sakrament des Altares. Maria führt zu Christus. Und da, wo Maria zu Christus führt, ereignet sich im authentischen Sinn des Wortes Kirche.

(Durch Maria zu Christus, Interview mit Wallfahrtsdirektor Wilhelm Imkamp, Katholische Sonntags*Zeitung* Nr. 18/1993)

Aufrechter Gang und Siegeskranz!

Lk 21,25–28.34–36

25 Es werden Zeichen sichtbar werden an Sonne, Mond
und Sternen, und auf der Erde werden die Völker be-
stürzt und ratlos sein über das Toben und Donnern des
Meeres.
26 Die Menschen werden vor Angst vergehen in der Er-
wartung der Dinge, die über die Erde kommen; denn die
Kräfte des Himmels werden erschüttert werden.
27 Dann wird man den Menschensohn mit großer
Macht und Herrlichkeit auf einer Wolke kommen sehen.
28 Wenn (all) das beginnt, dann richtet euch auf, und
erhebt eure Häupter; denn eure Erlösung ist nahe.
34 Nehmt euch in acht, daß Rausch und Trunkenheit
und die Sorgen des Alltags euch nicht verwirren und
daß jener Tag euch nicht plötzlich überrascht,
35 (so) wie (man in) eine Falle (gerät); denn er wird
über alle Bewohner der ganzen Erde hereinbrechen.
36 Wacht und betet allezeit, damit ihr allem, was ge-
schehen wird, entrinnen und vor den Menschensohn
hintreten könnt.

In vielen Diskotheken, die ja voll im Trend liegen müssen, gehört ein „Oldie“-Abend zum Pflichtprogramm. Mit „Oldie“ ist keineswegs ein

Seniorenabend gemeint, sondern „Oldies“, das sind Schlager aus der Hitliste der 70er und 80er Jahre des 20. Jahrhunderts. Früher sprach man von „Evergreens“, das waren Schlager, die über Jahrzehnte im Ohr blieben, echte „Ohrwürmer“. Der erste Adventssonntag ist ein „Evergreen“-Sonntag. Wohl kaum eine Sonntagsmesse, in der nicht das Lied „Wir sagen Euch an den lieben Advent“ gesungen wird (Gotteslob, Nr. 115), Text und Melodie von 1954: ein „Super-Oldie“, ja ein echter „Evergreen“. Ein Evergreen, der ja auch mit echtem Grün, nämlich dem des Adventskranzes und seinen vier Kerzen, die er besingt, zu tun hat.

Der Adventskranz gehört zum „Design“ der Vorweihnachtszeit und ist aus unseren Kirchen und Wohnungen nicht mehr wegzudenken. Seine Geschichte ist eine echte ökumenische Erfolgsgeschichte: Erfunden in Hamburg, im „Rauhen Haus“ einer pädagogischen Modellanstalt für arme Kinder und Jugendliche, seiner Zeit weit voraus, Erfinder: der begnadete evangelische Pädagoge und Pfarrer Ernst Wichern (1808–1881)!

Im „Direktorium über die Volksfrömmigkeit“ der „Kongregation für den Gottesdienst und die Sakramentenordnung“ (2001) wird der Adventskranz als Symbol des Advents in den christlichen Häusern, vor allem in den deutschsprachigen Ländern und in Nordamerika eigens erwähnt und ausgedeutet „als Erinnerung an die verschiedenen Etappen der Heilsgeschichte vor Christus und zugleich Symbol des prophetischen Lichtes, das nach und nach die Erwartung erhellte bis zum Aufgang der Sonne der Gerechtigkeit" (Nr. 98). Das hätte sich der Oberkonsistorialrat und vortragende Rat im preußischen Innenministerium Ernst Wichern wohl nicht träumen lassen, daß seine fromme Erfindung 162 Jahre später in einem vatikanischen Dokument empfohlen wird. So erscheint der Adventskranz auch als grüner Hoffnungsschimmer der Ökumene.

Ernst Wichern hat die „Innere Mission" begründet, „als freie Liebesarbeit zur Verwirklichung der christlichen und sozialen Wiedergeburt des heillosen Volkes"! Heute spricht man gerne von „Neuevangelisation". Zwei verschiedene Namen für die gleiche Sache: Den Menschen das Licht des Glaubens bringen, Wiedergeburt aus der Heillosigkeit! Zuerst geht es um das Licht im Inneren des Menschen, das ihn zum Leuchten bringt, ihn zum Leuchtzeichen des Glaubens macht, das dann auch die Gesellschaft erleuchtet. Wer aus der Hoffnung, die nur der Glaube bieten kann, lebt, der hat keine Angst, er läßt sich nicht von Katastrophenmeldungen einschüchtern und er sucht auch nicht die Betäubung im heillosen Vergnügungsbetrieb, noch läßt er sich von wachsenden Alltagssorgen in Depressionen treiben. Wer so zum Leuchtzeichen des Glaubens geworden ist, der hat wieder den aufrechten Gang gelernt und erhebt den Kopf im dankbaren Wissen: die Erlösung ist nahe.

Auch dazu kann er uns ermahnen, der Adventskranz, zum aufrechten Gang. Wie häufig ducken wir Christen uns, wie häufig verstecken wir uns als Nischenexistenzen in einer oft heillosen Umgebung. Gehen wir heraus, mit aufrechtem Gang und erhobenem Kopf!

Der Adventskranz muß also nicht zum Accessoire eines verbürgerlichten Jahresendzeit-Designs, zum Grabschmuck eines längst beerdigten Glaubens verkommen, er kann zum Siegeskranz werden. Das Licht des Adventskranzes kann das „Rauhe Haus" der Gesellschaft erleuchten. Der Weg dazu ist einfach: Wachen und Beten, das heißt im Licht der Heilsgeschichte unsere oft genug „heillose Umgebung" kritisch betrachten und im Kontakt mit Gott bleiben, durch das Hören auf sein Wort, den Empfang der Sakramente und das Gebet! Übrigens, wie wäre es im nächsten Jahr mit einer ökumenischen Adventskranzsegnung? Der Oberkonsistorialrat Wichern wäre „happy"!

Die Familie – eine schöne Bescherung!

Lk 2,41–2

41 Die Eltern Jesu gingen jedes Jahr zum Paschafest nach Jerusalem.
42 Als er zwölf Jahre alt geworden war, zogen sie wieder hinauf, wie es dem Festbrauch entsprach.
43 Nachdem die Festtage zu Ende waren, machten sie sich auf den Heimweg. Der junge Jesus aber blieb in Jerusalem, ohne daß seine Eltern es merkten.
44 Sie meinten, er sei irgendwo in der Pilgergruppe, und reisten eine Tagesstrecke weit; dann suchten sie ihn bei den Verwandten und Bekannten.
45 Als sie ihn nicht fanden, kehrten sie nach Jerusalem zurück und suchten ihn dort.
46 Nach drei Tagen fanden sie ihn im Tempel; er saß mitten unter den Lehrern, hörte ihnen zu und stellte Fragen.
47 Alle, die ihn hörten, waren erstaunt über sein Verständnis und über seine Antworten.
48 Als seine Eltern ihn sahen, waren sie sehr betroffen und seine Mutter sagte zu ihm: Kind, wie konntest du uns das antun? Dein Vater und ich haben dich voll Angst gesucht.
49 Da sagte er zu ihnen: Warum habt ihr mich gesucht? Wußtet ihr nicht, daß ich in dem sein muß, was meinem Vater gehört?

50 *Doch sie verstanden nicht, was er damit sagen wollte.*
51 *Dann kehrte er mit ihnen nach Nazareth zurück und*
war ihnen gehorsam. Seine Mutter bewahrte alles, was
geschehen war, in ihrem Herzen.
52 *Jesus aber wuchs heran und seine Weisheit nahm zu*
und er fand Gefallen bei Gott und den Menschen.

IRGENDWO IN DEM gesellschaftlichen Trümmerfeld, das durch die Begriffe „Pillenknick", „Methusalemkomplott" und „demographischer Faktor" gekennzeichnet ist, hat nun auch die Politik erkannt, daß die Familie „kein Auslaufmodell" ist: „Familien sind das Band zwischen Herkunft und Zukunft". Schöne Worte, die uns der Bundespräsident am Nikolaustag 2006 bescherte! Die Bedürfnisse der Familie sollten auf allen Politikfeldern berücksichtigt werden, fordert er und gleichzeitig spricht er von „überholten Familienbildern". Wovon er nicht spricht, ist genauso aussagekräftig: von der Ehe. Wer von der Familie redet, darf von der Ehe nicht schweigen! Es ist ein Krisensymptom, daß man „über die Not der Familie reden kann, ohne das Wort Ehe auch nur einmal in den Mund zu nehmen" (FAZ, 7. 12. 06). Das Fest der Heiligen Familie ist die Antwort auf diese Nikolausbescherung. Am 14. Juni 1892 stellte Papst Leo XIII. fest, daß niemandem der Zusammenhang zwischen dem Wohl der Familie und dem Gedeihen eines Staates entgehen könne, und er dichtete dann noch in großartigem Latein die Hymnen zum Fest der Heiligen Familie. Papst Benedikt XV. ordnete die Feier dieses Festes für die ganze Kirche verbindlich an, und in der Liturgiereform nach dem Zweiten Vatikanischen Konzil wurde das Fest auf den Sonntag nach Weihnachten gelegt.

Wenn heute Spitzenpolitiker mit großer Geste feststellen, daß die Bedürfnisse der Familien auf allen Politikfeldern berücksichtigt werden müssen, dann sind sie ungefähr da angekommen, wo der päpstliche Familienrat schon am 24. November 1983 war. Damals wurde die „Charta der Familienrechte" veröffentlicht. Dieses Dokument war vor allem an die Regierungen und internationalen Organisationen gerichtet. Ob es unseren Politikern, wenn sie von „überholten Familienbildern" sprechen, wohl bekannt ist? Ein „Kompetenzzentrum" soll im Bundesfamilienministerium errichtet werden – wie schön. Der päpstliche Rat für die Familie hat schon im Jahr 2003 ein Lexikon zur Familie herausgegeben: ein ideales Textbuch für ein solches „Kompetenzzentrum"!

Wer Familie vor allem als „Leistungsträger" unter dem Gesichtspunkt „sozialer Funktionalität" betrachtet, der hat ein Problem mit dem Fest der Heiligen Familie und unserem Evangelium:

1. Das Evangelium ist keine „Personallegende", sondern eine Wallfahrergeschichte: eine Familie auf Wallfahrt zu dem Heiligtum schlechthin, dem Tempel von Jerusalem. Es gibt einen tiefen Bezug

zwischen Familie und Wallfahrt, deshalb spricht die Kirche auch von der Familie als einem „Heiligtum des Lebens“ (santuario della vita). Eine Familie ist immer in Bewegung, ist nie statisch. Irgendwie ist eine Familie immer auch auf Wallfahrt.

2. Die Mutter sagt zum Kind: „Dein Vater und ich haben dich mit Sorge gesucht.“ Hier wird ganz deutlich die Ehe der Gottesmutter betont. Die Eheleute tragen gemeinsam Verantwortung und Sorge. Wer von Familie spricht, darf von der Ehe nicht schweigen!

3. Jesus war „gehorsam“. Hier zeigt sich in aller Deutlichkeit: „Gott ist nicht nur Mensch geworden, sondern er hat sich auch in die Ordnungen der Menschen eingefügt“ (Klaus Berger). Ordnung, Gehorsam, sich einfügen, alles Worte, die jedem „Sozialingenieur“ seit 1968 verdächtig sind. Unser Tagesevangelium ist jedenfalls kein Dokument der Emanzipation, der antiautoritären Erziehung oder alternativer WG-Experimente.

Das Fest der Heiligen Familie sollte Anlaß zur Besinnung sein: Politiker und „Sozialingenieure“, Familientherapeuten und solche, die sich dafür halten, sollten die „Charta der Familienrechte“ aufmerksam lesen und falls es sie nicht überfordert, auch einmal zum Lexikon des päpstlichen Familienrates greifen.

Familien sollten sich auf das Wallfahren einlassen. Wallfahren ist vielleicht die beste „Familientherapie“.

Und wir alle sollten für die vielen Familien in Krisensituationen immer einmal wieder ein Gesätzchen vom Rosenkranz beten: „Den du, o Jungfrau, im Tempel wiedergefunden hast“.

Das ultimative Horoskop

Mt 2,1–12

1 Als Jesus zur Zeit des Königs Herodes in Bethlehem in Judäa geboren worden war, kamen Sterndeuter aus dem Osten nach Jerusalem
2 und fragten: Wo ist der neugeborene König der Juden? Wir haben seinen Stern aufgehen sehen und sind gekommen, um ihm zu huldigen.
3 Als König Herodes das hörte, erschrak er und mit ihm ganz Jerusalem.
4 Er ließ alle Hohenpriester und Schriftgelehrten des Volkes zusammenkommen und erkundigte sich bei ihnen, wo der Messias geboren werden solle.
5 Sie antworteten ihm: In Bethlehem in Judäa; denn so steht es bei dem Propheten:
6 Du, Bethlehem im Gebiet von Juda, / bist keineswegs die unbedeutendste / unter den führenden Städten von Juda; / denn aus dir wird ein Fürst hervorgehen, / der Hirt meines Volkes Israel.
7 Danach rief Herodes die Sterndeuter heimlich zu sich und ließ sich von ihnen genau sagen, wann der Stern erschienen war.
8 Dann schickte er sie nach Bethlehem und sagte: Geht und forscht sorgfältig nach, wo das Kind ist; und wenn ihr es gefunden habt, berichtet mir, damit auch ich hingehe und ihm huldige.

9 *Nach diesen Worten des Königs machten sie sich auf*
den Weg. Und der Stern, den sie hatten aufgehen se-
hen, zog vor ihnen her bis zu dem Ort, wo das Kind war;
dort blieb er stehen.
10 *Als sie den Stern sahen, wurden sie von sehr großer*
Freude erfüllt.
11 *Sie gingen in das Haus und sahen das Kind und*
Maria, seine Mutter; da fielen sie nieder und huldigten
ihm. Dann holten sie ihre Schätze hervor und brachten
ihm Gold, Weihrauch und Myrrhe als Gaben dar.
12 *Weil ihnen aber im Traum geboten wurde, nicht zu*
Herodes zurückzukehren, zogen sie auf einem anderen
Weg heim in ihr Land.

Der Jahreswechsel ist immer auch Anlaß für die bange Frage, was wird das neue Jahr bringen? Daher sind diese Tage besondere Hoch-Zeiten für Horoskope. Da trifft es sich ganz gut, daß gleich am ersten Sonntag des neuen Jahres auch eine Art „Horoskop" gefeiert wird: Die „coniunctio magna" von Saturn und Jupiter im Sternzeichen der Fische läßt Jupiter und Saturn zwischen April und Dezember dreimal wie einen einzigen Stern erscheinen, ein Phänomen, das alle 794 Jahre einmal auftritt. Die drei Weisen aus dem Morgenland – heute würden wir von Spitzenwissenschaftlern im „Exzellenzcluster" reden – hatten exakt die richtige Deutung dieses Phänomens auf der Höhe der Wissenschaft ihrer Zeit erarbeitet und aus ihrer Arbeit auch die Konsequenzen gezogen, sich nämlich auf den Weg gemacht. Sie brachen auf, um ihre wissenschaftliche Prognose durch Fakten zu verifizieren. So gelesen kann diese Geschichte zu einem Hinweis dafür werden, „daß Gott, der Ursprung und das Ziel aller Dinge, mit dem natürlichen Licht der menschlichen Vernunft aus den geschaffenen Dingen gewiß erkannt werden kann", wie es das Erste Vatikanische Konzil so prägnant formuliert hat. Die Weisen aus dem Morgenland erkennen aus der Schöpfung den Hinweis auf den Schöpfer, so wird eine Dimension der Schöpfung deutlich, wir können die Handschrift des Schöpfers in ihr sehen. Die Natur hat so einen ganz besonderen Stellenwert für uns Christen. Wir müssen sie schützen, damit sie weiterhin auf den Schöpfer hinweisen kann. Wenn die drei Weisen aus dem Morgenland wegen Smog und Abgasglokken die „coniunctio magna" nicht hätten sehen können ...?? Umweltverschmutzung verdunkelt die Botschaft der Natur und ist eine Sünde gegen das „intelligent design" der Schöpfung.

Im Wort „Horoskop" verbirgt sich das griechische Wort „Stunde", und tatsächlich, der Weg der drei Weisen nach Bethlehem, das „Horoskop" aus dem Evangelium zeigt uns, daß Jesu Stunde gekommen ist und wir wissen sollten, „was die Stunde geschlagen hat"!

Die Weisen aus dem Morgenland helfen uns zu erkennen, „for whom the bell tolls" (Hemingway), nämlich für uns. Sind wir wirklich auf dem Weg zum „neugeborenen König der Juden“ oder flüchten wir uns in die Horoskope des Zeitgeistes, in die Vorläufigkeiten des Alltags.

Der Stern von Bethlehem zeigt nicht nur, daß es auch anders geht, sondern daß dieser andere Weg, der Weg der drei Weisen aus dem Morgenland, der Weg der Vernunft ist. Vernunft und Glauben gehören zusammen, auch das ist die Botschaft dieses „Horoskopes“ und damit sind alle anderen Horoskope überflüssig geworden.

Im Spotlight: der Teufel als Theologe

Mt 4,1–11

1 Dann wurde Jesus vom Geist in die Wüste geführt;
dort sollte er vom Teufel in Versuchung geführt werden.
2 Als er vierzig Tage und vierzig Nächte gefastet hatte,
bekam er Hunger.
3 Da trat der Versucher an ihn heran und sagte: Wenn
du Gottes Sohn bist, so befiehl, daß aus diesen Steinen
Brot wird.
4 Er aber antwortete: In der Schrift heißt es: Der Mensch
lebt nicht nur von Brot, sondern von jedem Wort, das aus
Gottes Mund kommt.
5 Darauf nahm ihn der Teufel mit sich in die Heilige
Stadt, stellte ihn oben auf den Tempel
6 und sagte zu ihm: Wenn du Gottes Sohn bist, so stürz
dich hinab; denn es heißt in der Schrift: Seinen Engeln
befiehlt er, / dich auf ihren Händen zu tragen, / damit
dein Fuß nicht an einen Stein stößt.
7 Jesus antwortete ihm: In der Schrift heißt es auch: Du
sollst den Herrn, deinen Gott, nicht auf die Probe stellen.
8 Wieder nahm ihn der Teufel mit sich und führte ihn
auf einen sehr hohen Berg; er zeigte ihm alle Reiche der
Welt mit ihrer Pracht
9 und sagte zu ihm: Das alles will ich dir geben, wenn
du dich vor mir niederwirfst und mich anbetest.

10 *Da sagte Jesus zu ihm: Weg mit dir, Satan! Denn in der Schrift steht: Vor dem Herrn, deinem Gott, sollst du dich niederwerfen und ihm allein dienen.*
11 *Darauf ließ der Teufel von ihm ab, und es kamen Engel und dienten ihm.*

KEIN POP-, ROCK- oder Technokonzert, aber auch keine anspruchsvolle dramatische Inszenierung kommt heute ohne das „Spotlight" aus, einen „Linsenscheinwerfer oder einen Scheinwerfervorsatz zur Erzeugung eines engen Lichtbündels, bzw. eines Lichtflecks". Das „Spotlight" betont einen Punkt (spot) ganz besonders, hebt ihn heraus aus den Aufbauten der Inszenierung.

Der 1. Fastensonntag bietet gleich mit dem ersten Wort der Tagesliturgie ein Spotlight. Am Anfang steht ein Zitat aus dem Psalm 91 (90), nach dem auch dieser Sonntag benannt wird, „Invocabit": „Er wird mich anrufen und ich werde ihn erhören", Ps 91 (90),15–16. Dieses Spotlight lenkt unseren Blick und leuchtet eine Stelle unter den Schrifttexten des Tages besonders aus. Erbsünde und Rechtfertigung, der Vergleich Christus und Adam bilden das gewaltige Bühnenbild, vor dem sich das Drama der Versuchung Jesu abspielt. Unser „Spotlight" beleuchtet einen Punkt dieses Dramas ganz besonders. Der Teufel zitiert nämlich genau aus diesem Psalm, der den Vers des Introitus liefert. Mit Psalm 91 (90),11–12 versucht er Jesus zu einem Schauwunder zu animieren:

„Wenn du Gottes Sohn bist, so stürz dich hinab, denn es steht geschrieben: Seine Engel bietet er auf für dich, und sie werden dich auf Händen tragen, damit dein Fuß nicht an einen Stein stößt" (Mt 4,6 = Ps 91 [90],11–12). Dieser Psalm war in der jüdischen Frömmigkeit ganz besonders mit dem Tempel verbunden, er ist geradezu der „Tempelpsalm". Erschreckt müssen wir erkennen, daß „sich der Teufel als recht bibelkundig erweist" (Alfred Läpple). „Der Teufel als Theologe hat die Schrift bemüht", stellt der katholische Exeget Joachim Gnilka lapidar fest und sein evangelischer Kollege Eduard Schweizer liegt genau auf der gleichen Linie: „Schriftbelege kann auch der Teufel immer finden. Hier wird er geradezu religiös." Das „Spotlight" taucht den Disput des teuflischen Theologen (oder theologischen Teufels) mit dem Gottmenschen in grelles Licht und zeigt uns in aller Deutlichkeit zuerst einmal: Nicht alles, was sich fromm anhört, ist auch fromm, auch die Heilige Schrift läßt sich mißbrauchen, besonders wenn man einzelne Sätze aus dem Kontext oder die ganze Heilige Schrift aus dem Zusammenhang der heiligen Überlieferung reißt. Und schließlich: ein „Schauwunder", eine „Mirakel-Show", ist mit Jesus nicht zu machen. Der Teufel als Theologe, der bibelkundig den Schriftbeleg für die Versuchung des Gottmenschen konstruiert, sozusagen den ultimativen Pastoralplan entwirft: „Flieg vom Tempel, und die Menschheit wird an dich glauben!“ Diese Versuchung kennen wir alle. Der bibelfeste Teufel zeigt uns – sicherlich ungewollt –, wohin die Heilige Schrift wirklich gehört, nämlich in den Zusammenhang der Liturgie unserer Kirche. Ein Schriftzitat muß immer auch Gebet sein. Psalm 91 (90), der Tempelpsalm, wird im Stundengebet der Kirche an jedem Sonntagabend gebetet. Kenntnis der Heiligen Schrift und Gebet gehören zusammen. Nicht alles, was sich fromm anhört, ist auch gottwohlgefällig, und Evangelisierung darf nicht zum Showbusiness werden. Ein Vorschlag für die erste Fastenwoche: wenigstens einmal den Psalm 91 (90) beten, allein und still.

Auf zur Gesprächstherapie!

Joh 4,5–42

*5 So kam er zu einem Ort in Samarien, der Sychar
hieß und nahe bei dem Grundstück lag, das Jakob seinem Sohn Josef vermacht hatte.
6 Dort befand sich der Jakobsbrunnen. Jesus war müde
von der Reise und setzte sich daher an den Brunnen; es
war um die sechste Stunde.
7 Da kam eine samaritische Frau, um Wasser zu
schöpfen. Jesus sagte zu ihr: Gib mir zu trinken!
8 Seine Jünger waren nämlich in den Ort gegangen,
um etwas zum Essen zu kaufen.
9 Die samaritische Frau sagte zu ihm: Wie kannst du
als Jude mich, eine Samariterin, um Wasser bitten?
Die Juden verkehren nämlich nicht mit den Samaritern.
10 Jesus antwortete ihr: Wenn du wüßtest, worin die
Gabe Gottes besteht und wer es ist, der zu dir sagt: Gib
mir zu trinken!, dann hättest du ihn gebeten, und er
hätte dir lebendiges Wasser gegeben.
11 Sie sagte zu ihm: Herr, du hast kein Schöpfgefäß,
und der Brunnen ist tief; woher hast du also das lebendige Wasser?
12 Bist du etwa größer als unser Vater Jakob, der uns
den Brunnen gegeben und selbst daraus getrunken
hat, wie seine Söhne und seine Herden?*

13 Jesus antwortete ihr: Wer von diesem Wasser trinkt,
wird wieder Durst bekommen;
14 wer aber von dem Wasser trinkt, das ich ihm geben
werde, wird niemals mehr Durst haben; vielmehr wird das
Wasser, das ich ihm gebe, in ihm zur sprudelnden Quelle
werden, deren Wasser ewiges Leben schenkt.
15 Da sagte die Frau zu ihm: Herr, gib mir dieses Wasser,
damit ich keinen Durst mehr habe und nicht mehr hier-
her kommen muß, um Wasser zu schöpfen.
16 Er sagte zu ihr: Geh, ruf deinen Mann und komm wie-
der her!
17 Die Frau antwortete: Ich habe keinen Mann. Jesus
sagte zu ihr: Du hast richtig gesagt: Ich habe keinen
Mann.
18 Denn fünf Männer hast du gehabt und der, den du
jetzt hast, ist nicht dein Mann. Damit hast du die Wahr-
heit gesagt.
19 Die Frau sagte zu ihm: Herr, ich sehe, daß du ein Pro-
phet bist.
20 Unsere Väter haben auf diesem Berg Gott angebetet;
ihr aber sagt, in Jerusalem sei die Stätte, wo man anbe-
ten muß.
21 Jesus sprach zu ihr: Glaube mir, Frau, die Stunde
kommt, zu der ihr weder auf diesem Berg noch in Jerusa-
lem den Vater anbeten werdet.
22 Ihr betet an, was ihr nicht kennt, wir beten an, was wir
kennen; denn das Heil kommt von den Juden.
23 Aber die Stunde kommt und sie ist schon da, zu der
die wahren Beter den Vater anbeten werden im Geist und
in der Wahrheit; denn so will der Vater angebetet werden.

24 Gott ist Geist und alle, die ihn anbeten, müssen im
Geist und in der Wahrheit anbeten.
25 Die Frau sagte zu ihm: Ich weiß, daß der Messias
kommt, das ist: der Gesalbte (Christus). Wenn er kommt,
wird er uns alles verkünden.
26 Da sagte Jesus zu ihr: Ich bin es, ich, der mit dir
spricht.
27 Inzwischen waren seine Jünger zurückgekommen. Sie
wunderten sich, daß er mit einer Frau sprach, aber keiner
sagte: Was willst du?, oder: Was redest du mit ihr?
28 Da ließ die Frau ihren Wasserkrug stehen, eilte in den
Ort und sagte zu den Leuten:
29 Kommt her, seht, da ist ein Mann, der mir alles ge-
sagt hat, was ich getan habe: Ist er vielleicht der Messi-
as?
30 Da liefen sie hinaus aus dem Ort und gingen zu Jesus.
31 Währenddessen drängten ihn seine Jünger: Rabbi, iß!
32 Er aber sagte zu ihnen: Ich lebe von einer Speise, die
ihr nicht kennt.
33 Da sagten die Jünger zueinander: Hat ihm jemand
etwas zu essen gebracht?
34 Jesus sprach zu ihnen: Meine Speise ist es, den Willen
dessen zu tun, der mich gesandt hat, und sein Werk zu
Ende zu führen.
35 Sagt ihr nicht: Noch vier Monate dauert es bis zur
Ernte? Ich aber sage euch: Blickt umher und seht, daß
die Felder weiß sind, reif zur Ernte.
36 Schon empfängt der Schnitter seinen Lohn und sam-
melt Frucht für das ewige Leben, so daß sich der Sämann
und der Schnitter gemeinsam freuen.

37 *Denn hier hat das Sprichwort recht: Einer sät und ein anderer erntet.*
38 *Ich habe euch gesandt zu ernten, wofür ihr nicht gearbeitet habt; andere haben gearbeitet, und ihr erntet die Frucht ihrer Arbeit.*
39 *Viele Samariter aus jenem Ort kamen zum Glauben an Jesus auf das Wort der Frau hin, die bezeugt hatte: Er hat mir alles gesagt, was ich getan habe.*
40 *Als die Samariter zu ihm kamen, baten sie ihn, bei ihnen zu bleiben; und er blieb dort zwei Tage.*
41 *Und noch viel mehr Leute kamen zum Glauben an ihn aufgrund seiner eigenen Worte.*
42 *Und zu der Frau sagten sie: Nicht mehr aufgrund deiner Aussage glauben wir, sondern weil wir ihn selbst gehört haben und nun wissen: Er ist wirklich der Retter der Welt.*

Zu jeder pädagogischen Aus-, Fort- und Weiterbildung, aber auch zur Managerschulung und Unternehmensberatung, gehört die Gesprächstherapie des amerikanischen Psychologen Carl Ransom Rogers (1902–1987); diese „klientenzentrierte" psychologische Methode will positive Wertschätzung, emotionale Wärme, echtes Verstehen und auch das Ausdrücken und Mitteilen des Verstandenen ermöglichen. Die Gesprächstherapie ist seit 1942 auf dem Markt, das Tagesevangelium ist mindestens 1900 Jahre älter. Es dokumentiert das längste Gespräch, das die Evangelien von Jesus überliefern, und das ist ein Gespräch mit einer Frau, was damals, besonders für einen Rabbi, vollkommen unüblich war. So ganz nebenbei zeigt Jesus hier, daß er souverän über den gesellschaftlichen Regeln und Konventionen seiner Zeit und Umwelt steht, was seine Jünger voller Verwunderung zur Kenntnis nehmen müssen (4,27).

Das Gespräch Jesu mit der Frau ist geradezu eine „Fallgeschichte" erfolgreicher Gesprächstherapie: Jesus spricht die Frau an. Schon durch diesen Akt der Zuwendung vermittelt er emotionale Wärme (non-possesive warmth) Jesus traut der Frau einiges zu und nimmt dabei in Kauf, daß sie ihn mißversteht. Jesus bringt die Botschaft, die er selbst ist, klar zum Ausdruck. Die Klarheit dieser Botschaft wird nicht durch die Anpassung an den Verständnishorizont der Frau vernebelt. Der Durchbruch zum Verständnis, die Überwindung des Mißverständnisses erzielt Jesus durch die Klarstellung der Lebensverhältnisse der Frau. Die Faktenlage ihres verpfuschten Lebens ist so glasklar und präzise, daß ihre bloße Schilderung schon von Verständnis zeugt (accurate empathy). Die Gesprächstherapie Jesu hat ein Ziel: die Frau soll zum Glauben gelangen. Der schrittweise Erfolg dieser Therapie läßt sich schön an den immer deutlicheren Benennungen für die Person Jesu festmachen: „Jude" (4,9), „Herr" (4,11), „Prophet" (4,19), „Retter der Welt" (4,42). Die Gesprächstherapie Jesu hat zum Erfolg geführt.

Die vorösterliche Bußzeit ist eine Einladung Jesu an uns zur Gesprächstherapie mit ihm. Er hat uns schon angesprochen. Wie sieht unsere Reaktion auf sein Therapieangebot aus? Antworten wir ihm, zum Beispiel im Gebet? Stellen wir uns der Faktenlage unseres Lebens, zum Beispiel im Sakrament der Beichte? Besonders das Sakrament der Beichte eröffnet die klare Sicht auf die Faktenlage unseres Lebens und läßt uns spüren, wie wir von Jesus verstanden und gerade auch in unserer Sündhaftigkeit ernst genommen werden.

So könnten auch wir zu der Erkenntnis gelangen: „Dieser ist der wahre Retter der Welt“ (4,42).

Unser Leben erhält eine ganz neue Qualität, wenn wir „ihn im Geist und in der Wahrheit anbeten“ (4,24). Die Gesprächstherapie Jesu mit uns kann erfolgreich sein, wenn wir uns darauf einlassen wie die Frau im Evangelium. Folgen wir einfach ihrem Beispiel. Bezeugen wir den Erfolg der vorösterlichen Gesprächstherapie Jesu mit unserem eigenen Leben.

Keine Stallpflicht für Esel!

Mk 11,1–10

1 Als sie in die Nähe von Jerusalem kamen, nach Bet-
fage und Bethanien am Ölberg, schickte er zwei seiner
Jünger voraus.
2 Er sagte zu ihnen: Geht in das Dorf, das vor euch
liegt; gleich wenn ihr hineinkommt, werdet ihr einen
jungen Esel angebunden finden, auf dem noch nie ein
Mensch gesessen hat. Bindet ihn los, und bringt ihn
her!
3 Und wenn jemand zu euch sagt: Was tut ihr da?,
dann antwortet: Der Herr braucht ihn; er läßt ihn bald
wieder zurückbringen.
4 Da machten sie sich auf den Weg und fanden außen
an einer Tür an der Straße einen jungen Esel angebun-
den und sie banden ihn los.
5 Einige, die dabeistanden, sagten zu ihnen: Wie
kommt ihr dazu, den Esel loszubinden?
6 Sie gaben ihnen zur Antwort, was Jesus gesagt hat-
te, und man ließ sie gewähren.
7 Sie brachten den jungen Esel zu Jesus, legten ihre
Kleider auf das Tier und er setzte sich darauf.
8 Und viele breiteten ihre Kleider auf der Straße aus;
andere rissen auf den Feldern Zweige (von den Bü-
schen) ab und streuten sie auf den Weg.

9 Die Leute, die vor ihm hergingen und die ihm folgten, riefen: Hosanna! / Gesegnet sei er, der kommt im Namen des Herrn!
10 Gesegnet sei das Reich unseres Vaters David, / das nun kommt. / Hosanna in der Höhe!

Viele Jahrhunderte lang war er fast flächendeckend in Süddeutschland verbreitet, in Augsburg das erste Mal im 10. Jahrhundert gesichtet: der Palmesel! Der hl. Ulrich führte ihn in der Prozession des Palmsonntags mit. Ein holzgeschnitzter Esel, auf dem eine Christusfigur reitet, sollte das Geschehen des Palmsonntags ganz besonders anschaulich werden lassen. Im „aufgeklärten" 18. Jahrhundert fanden dann die staatlichen und kirchlichen Behörden den Palmesel und die vielen Bräuche der Volksfrömmigkeit, die damit verbunden waren, verdächtig. Alles war irgendwie zu einfach, zu bunt, zu gegenständlich; das Volk sollte zu mehr Nüchternheit erzogen werden, kurz: es wurde die Stallpflicht für Palmesel verfügt, das heißt für die Palmesel, die Glück hatten, die meisten wurden „gekeult". Durch diese Stallpflicht aber wurden einige Exemplare gerettet. So können zum Beispiel heute im „Herzoglichen Georgianum" in München gleich vier Prachtexemplare besichtigt werden. Der Blick auf diese Palmesel zeigt uns deutlich: der Esel ist hier nicht das Reittier der armen Leute, sondern genau das Tier, das im Alten Testament einen prächtigen Ruf genießt, ein Esel mußte schließlich dem nicht sehr sympathisch gezeichneten Propheten Bileam erklären, was Sache ist (Num 22,22–25), eine köstliche Szene, die in einem Gemälde von Rembrandt großartig festgehalten wurde. Aber vor allem ist der Esel das Reittier des messianischen Herrschers (z. B. Sach 9,9 und Ri 5,10). Die majestätische Haltung Jesu als König, Lehrer, Heiland, immer hoheitsvoll auf den Palmeseln reitend, den Segen spendend, bringt das herrlich zum Ausdruck.

Das geduldige Reittier der Könige, das Tier, das Christus durch das jubelnde Mißverständnis der Massen in die Stadt seines Todes, aber auch seiner Auferstehung trägt, gibt uns Anlaß zu ganz konkreten Fragen an uns selbst, der Palmesel zieht uns zur Gewissenserforschung: Wollen wir wirklich Christusträger sein? Nach jeder heiligen Kommunion tragen wir Christus, sind wir uns dessen auch tatsächlich bewußt? Wie oft braucht uns der Herr (Mk 11,3), und wie oft wollen wir gar nicht aus den Verstrickungen unseres Alltags losgebunden werden?

Den Ruf des Herrn durch die Jünger zu hören, bereit sein, sich aus den Verstrickungen des Alltags losbinden zu lassen und den Herrn zu tragen, das ist die Botschaft, die in der plastischen Darstellung des Palmesels ganz anschaulich und lebendig wird. Deshalb gilt: keine Stallpflicht für Palmesel! Das Evangelium muß hinaus auf die Straßen der Gegenwart getragen werden, genauso wie der Palmesel den segnenden Christus in die Stadt von Tod und Auferstehung zur Vollendung der Erlösung trägt. Keine Stallpflicht für Palmesel, keine Stallpflicht für Christen! Wir müssen durch alle Mißverständnisse hindurch den segnenden Christus in unsere Welt hinaustragen. Für uns Christen darf es keine Stallpflicht geben!

Unverdient, ungeschuldet, immer aktuell und nicht zum Nulltarif

Joh 15,9–17

9 Wie mich der Vater geliebt hat, so habe auch ich euch ge-
liebt. Bleibt in meiner Liebe!
10 Wenn ihr meine Gebote haltet, werdet ihr in meiner Liebe
bleiben, so wie ich die Gebote meines Vaters gehalten habe
und in seiner Liebe bleibe.
11 Dies habe ich euch gesagt, damit meine Freude in euch
ist und damit eure Freude vollkommen wird.
12 Das ist mein Gebot: Liebt einander, so wie ich euch ge-
liebt habe.
13 Es gibt keine größere Liebe, als wenn einer sein Leben für
seine Freunde hingibt.
14 Ihr seid meine Freunde, wenn ihr tut, was ich euch auftra-
ge.
15 Ich nenne euch nicht mehr Knechte; denn der Knecht
weiß nicht, was sein Herr tut. Vielmehr habe ich euch Freun-
de genannt; denn ich habe euch alles mitgeteilt, was ich von
meinem Vater gehört habe.
16 Nicht ihr habt mich erwählt, sondern ich habe euch er-
wählt und dazu bestimmt, daß ihr euch aufmacht und Frucht
bringt und daß eure Frucht bleibt. Dann wird euch der Vater
alles geben, um was ihr ihn in meinem Namen bittet.
17 Dies trage ich euch auf: Liebt einander!

DAS WAHLRECHT FÜR mündige Bürger, das Recht auf freie Personen-, Waren-, ja sogar Partnerwahl im „Supermarkt unseres Lebens“, gehört zur Selbstverständlichkeit, zumindest des mitteleuropäisch-amerikanischen Alltags. Wir wollen (aus-)wählen können! Ein- oder Beschränkungen unseres Wahlrechtes würden wir als Zumutung empfinden; selbstverständlich fühlen wir uns immer als aktiv (aus-)wählende, voll handlungsberechtigte Subjekte.

Vor diesem Hintergrund ist das, was wir an diesem Tag in der zweiten Lesung hören, schon eine Provokation: „Nicht darin besteht die Liebe, daß wir Gott geliebt haben, sondern daß er uns geliebt hat, und seinen Sohn als Sühne für unsere Sünden gesandt hat!“ (1 Joh 4,10). Papst Benedikt XVI., der seine erste Enzyklika mit einem Satz aus genau diesem Brief des Apostels Johannes: „Gott ist die Liebe“ (1 Joh 4,16) beginnt, weist auch auf 1 Johannes 4,10 hin und fügt hinzu: „Gott hat uns *zuerst* geliebt.“ Dieses „zuerst“ stammt aus der Bibelübersetzung des hl. Hieronymus und ist in den letzten Jahrzehnten irgendwie abhanden gekommen. Der Papst zeigt die großartige Bedeutung dieses „zuerst“, des „prior“! Tatsächlich kann man von der Liebe nur sinnvoll reden, wenn Gottes Liebe zu uns die „Priorität“ hat, denn er hat uns zuerst geliebt, „völlig vorleistungsfrei“, wie es in der deutschen Version der päpstlichen Enzyklika heißt (Deus caritas est, Nr. 1). In den romanischen

Sprachen schwingt das lateinische „gratuitas“ mit und vermittelt so doch mehr vom geheimnisvollen Wesen der göttlichen Liebe, deren Adressaten und Objekte wir sind. Gott hat uns zuerst geliebt: „Nicht ihr habt mich erwählt, sondern ich habe euch erwählt“ (Joh 15,16). Gott geht tatsächlich in „Vorleistung“. Aber Gott erwartet auch, das wir „Frucht“ bringen. Diese Frucht besteht vor allem in unserer Weitergabe der göttlichen Liebe. Diese Weitergabe der Liebe ist gleichzeitig Geschenk und Folge der göttlichen Liebe.

Zeichen dieser Liebe ist das Halten der Gebote Gottes, denn „wenn ihr meine Gebote haltet, werdet ihr in meiner Liebe bleiben“ (Joh 15,10). Gottes Liebe zu uns hat nichts mit den „Nulltarifen“ unseres Lebens zu tun. Gottes Liebe ist zeitlich vor unserer Existenz und vor unserer Liebe. Das Wahlrecht liegt bei Gott, er ist das wählende und handelnde Subjekt, wir können sein „Mandat“ (=Gebot) annehmen oder verweigern. Seine Liebe können wir nicht verdienen, wir können sie nur in aktiver Dankbarkeit annehmen. Geheimnisvoll und „vorleistungsfrei“, so ist sie, diese Liebe! Irgendwie klingt es sympathischer und ist wohl auch exakter, wenn man sagt: Gottes Liebe hat die absolute Priorität und „Gratuität“. Gott ist die Liebe und wir bleiben in dieser Liebe, wenn und nur wenn wir seine Gebote halten!

Gottes Liebe ist ungeschuldet und unverdient, wir können sie als Geheimnis unseres Lebens ehrfürchtig, dankbar annehmen. Ungeschuldet, unverdient und trotzdem geliebt, schöner kann man es nicht sagen: „Gott ist die Liebe“!

Ein „königlich bayerischer Districts-Schulinspector“

Joh 14,23–29

*23 Jesus antwortete ihm: Wenn jemand mich liebt, wird
er an meinem Wort festhalten; mein Vater wird ihn lie-
ben, und wir werden zu ihm kommen und bei ihm woh-
nen.
24 Wer mich nicht liebt, hält an meinen Worten nicht
fest. Und das Wort, das ihr hört, stammt nicht von mir,
sondern vom Vater, der mich gesandt hat.
25 Das habe ich zu euch gesagt, während ich noch bei
euch bin.
26 Der Beistand aber, der Heilige Geist, den der Vater in
meinem Namen senden wird, der wird euch alles lehren
und euch an alles erinnern, was ich euch gesagt habe.
27 Frieden hinterlasse ich euch, meinen Frieden gebe ich
euch; nicht einen Frieden, wie die Welt ihn gibt, gebe ich
euch. Euer Herz beunruhige sich nicht und verzage nicht.
28 Ihr habt gehört, daß ich zu euch sagte: Ich gehe fort
und komme wieder zu euch zurück. Wenn ihr mich lieb
hättet, würdet ihr euch freuen, daß ich zum Vater gehe;
denn der Vater ist größer als ich.
29 Jetzt schon habe ich es euch gesagt, bevor es ge-
schieht, damit ihr, wenn es geschieht, zum Glauben
kommt.*

Natürlich will jeder Frieden! Die einen wollen „Frieden schaffen ohne Waffen", die anderen basteln mit der „balance of power" am Gleichgewicht des Schreckens, so entsteht ein Friede, der auf Abschreckung beruht, ein Friede aus Angst.

Im Tagesevangelium bekommen wir eine andere Friedenslektion; der Text hat es in sich: Voraussetzung des Friedens ist die Gottesliebe, die sich vor allen Dingen in der Treue zum Wort des Herrn zeigt. Der Garant des Friedens ist der „Beistand", der Heilige Geist. Der Friede ist nicht etwas von Menschen Gemachtes, sondern ein Geschenk Jesu. Es ist sein Friede und nicht der Friede der Welt.

Die schönste Erklärung dieses Textes bietet uns die heilige Messe. Nach dem Vaterunser betet der Priester: „Erlöse uns, Herr, allmächtiger Vater, von allem Bösen und gib Frieden in unseren Tagen, komm uns zu Hilfe mit deinem Erbarmen und bewahre uns vor Verwirrung und Sünde, damit wir voll Zuversicht das Kommen unseres Erlösers Jesus Christus erwarten". „Verwirrung und Sünde" sind die Ursachen für den Unfrieden um uns und in uns, nur im Erbarmen Gottes können wir uns davor retten, denn: „Dein ist das Reich und die Kraft und die Herrlichkeit in Ewigkeit". Sein Geschenk ist der Friede Gottes und wir haben die Chance, ihn zu er- und behalten, wenn Gott nicht auf unsere Sünden schaut, sondern auf den „Glauben seiner Kirche". Der Glaube der

Kirche als Voraussetzung für den Wunsch: „Der Friede des Herrn sei allezeit mit Euch"! So erklärt die Liturgie der heiligen Messe den Text unseres Evangeliums; eigentlich eine Selbstverständlichkeit, denn es ist ja der gleiche Heilige Geist, der in den Texten der Heiligen Schrift und in den Texten der heiligen Messe zu uns spricht, es ist der Geist, der unser Herz öffnet, damit wir frei werden zum Hören. Ohne diesen Geist würde das Wort, das wir hören, langweilig, wie Gregor der Große es einmal prägnant ausgedrückt hat (Hom. 30). „Dabei garantiert der Heilige Geist nicht nur die Treue der Überlieferung, sondern auch die rechte Auslegung" (Klaus Berger), deswegen ja auch die Bitte vor dem Friedensgruß, auf den Glauben seiner Kirche zu schauen.

Die Heilige Schrift wird nämlich nur in und durch die Kirche richtig gelesen, denn für die Apostel und ihre Nachfolger gilt: „Er wird euch alles lehren und euch an alles erinnern, was ich euch gesagt habe". Weil es der gleiche Geist ist, der in den Herzen der Gläubigen, in der Verkündigung der Apostel(nachfolger) und im Gottesdienst der Kirche wirkt, ist der Gottesdienst die wirksamste Form des Friedensdienstes, denn er hilft uns, „Verwirrung und Sünde" zu vermeiden. Der Glaube der Kirche ist der Garant des Friedens, denn nur er ist wirklich Ausdruck des Heiligen Geistes: „In und durch diesen Geist legt die Kirche noch heutzutage die heil. Schrift auf die einzig wahre Weise aus, unterscheidet die falsche von der wahren Lehre und besitzt das unfehlbare Criterium der Wahrheit", so drückt es der „königlich-bayerische Districts-Schulinspector in Hunderdorf bei Straubing", Pfarrer Franz Xaver Maßl (1800–1852), in seiner „Erklärung der heiligen Schriften des Neuen Testamentes nach den heil. Vätern und anderen Gelehrten und frommen älteren und neueren Schriftauslegern und katholischen Schriftstellern" um 1841 aus (Bd. V, S. 250). Schon der lange, umständliche Buchtitel zeigt: Der „königlich-bayerische Districts-Schulinspector" hat's kapiert: Die Schrift liest man nie allein, sondern immer in der geistgewirkten Gemeinschaft der Kirche. Friede ist möglich in der Versöhnung mit Gott, im Festhalten seines Wortes, in der Vermeidung von „Verwirrung und Sünde", kurz in der Gemeinschaft der Kirche. In diesem Sinne: „Der Friede des Herrn sei allezeit mit euch!"

Durch verschlossene Türen zur Pforte des Himmels

Joh 20,19–23

19 Am Abend dieses ersten Tages der Woche, als die
Jünger aus Furcht vor den Juden die Türen verschlossen
hatten, kam Jesus, trat in ihre Mitte und sagte zu ihnen:
Friede sei mit euch!
20 Nach diesen Worten zeigte er ihnen seine Hände und
seine Seite. Da freuten sich die Jünger, daß sie den Herrn
sahen.
21 Jesus sagte noch einmal zu ihnen: Friede sei mit euch!
Wie mich der Vater gesandt hat, so sende ich euch.
22 Nachdem er das gesagt hatte, hauchte er sie an und
sprach zu ihnen: Empfangt den Heiligen Geist!
23 Wem ihr die Sünden vergebt, dem sind sie vergeben;
wem ihr die Vergebung verweigert, dem ist sie verwei-
gert.

Im allgemeinen verbindet man mit verschlossenen Türen nichts Positives. Trotzdem lebt eine höchst ehrenwerte Branche ausgezeichnet von der Herstellung sicherer, starker Türen mit hocheffizienten Schlössern, die jedem Einbruchsversuch standhalten sollen. Nicht nur Angst, sondern auch ein kluger Blick in die Sparte „Einbruchdiebstahl“

jeder Kriminalstatistik läßt rasch die Sehnsucht nach starken Türen, die gut schließen, entstehen.

Die Apostel hatten sich mit Maria gut eingeschlossen. Recht hatten sie, war ihre Lage doch extrem unsicher. Sie hatten Angst, und diese Angst war nur zu berechtigt, deswegen waren die Türen fest verschlossen. In dieser Angst beten sie vereint mit Maria (vgl. Apg 1,14). Da geschieht es: Jesus tritt durch die Tür. Er tritt die Tür nicht ein, nein, er läßt sie verschlossen, er geht einfach durch sie hindurch, die Apostel empfangen den Heiligen Geist, und in seiner Kraft öffnen sie dann die Türen und gehen hinaus in die Welt. Genauer gesagt: Sie öffnen die Türen nicht, um die Welt hineinzulassen, sondern um in die Welt hinauszugehen, der Welt den Glauben an den Auferstandenen öffentlich, deutlich und in einer für jeden verständlichen Sprache zu verkünden. Das ist die Geburtsstunde der Kirche: Sie öffnet die Türen und erscheint vor aller Welt und für alle Welt.

Ebenso war es in einem abgeschiedenen Zimmer zu Nazareth, wo Maria „als Typus und klarstes Urbild der Kirche“ (vgl. Lumen Gentium, Nr. 53) zur Braut des Heiligen Geistes geworden ist. Hinter den verschlossenen Türen von Jerusalem erfleht sie im Kreis der Apostel „mit ihren Gebeten die Gabe des Geistes, der sie schon bei der Verkündigung überschattet hatte“ (vgl. Lumen Gentium, Nr. 59). So wie jeder Geburtstag auch die Mutter des „Geburtstagskindes“ in den Blick rückt, danken wir am Geburtstag der Kirche auch der Mutter der Kirche, der Braut des Heiligen Geistes, „daher wird sie auch als überragendes und völlig einzigartiges Glied der Kirche, wie auch als ihr Typus und klarstes Urbild im Glauben und in der Liebe gegrüßt, und die katholische Kirche verehrt sie, vom Heiligen Geist belehrt, in kindlicher Liebe als geliebte Mutter" (Lumen Gentium, Nr. 53). So ist es auch kein Zufall, sondern entspricht der Gnadenordnung, wenn gerade an Pfingsten in vielen Marienwallfahrtsorten – so auch in Maria Vesperbild – die Braut des Heiligen Geistes am Abend mit einer Lichterprozession ganz besonders geehrt wird. Diese Lichterprozessionen haben in der gegenwärtigen gesellschaftlichen Situation auch noch eine andere Botschaft: Sie sind eine machtvolle Demonstration für die Erhaltung des Pfingstmontags als staatlich geschützter Feiertag. Daher mein Tip zum Pfingstsonntag: Feiern Sie den Geburtstag der Kirche, danken Sie der Braut des Heiligen Geistes, bitten Sie um den ganz besonderen Schutz und die Hilfe der Mutter der Kirche und demonstrieren Sie dabei so ganz nebenbei für den Erhalt des Pfingstmontags als Feiertag. Aus dieser Gesinnung heraus werden sich die verklemmten Schlösser lösen, die Tore des Herzens werden sich öffnen. Aus den verschlossenen Türen von Jerusalem wird die „Pforte des Himmels", so dürfen wir die Gottesmutter ja auch in der Lauretanischen Litanei grüßen. Frohe Pfingsten!

Die Muschel des neuen Papstes

Joh 3,16–18

16 Denn Gott hat die Welt so sehr geliebt, daß er seinen einzigen Sohn hingab, damit jeder, der an ihn glaubt, nicht zugrunde geht, sondern das ewige Leben hat.
17 Denn Gott hat seinen Sohn nicht in die Welt gesandt, damit er die Welt richtet, sondern damit die Welt durch ihn gerettet wird.
18 Wer an ihn glaubt, wird nicht gerichtet; wer nicht glaubt, ist schon gerichtet, weil er an den Namen des einzigen Sohnes Gottes nicht geglaubt hat.

In der „Haute Cuisine“ spielt sie eine bedeutende Rolle, aber auch in der Hausmannskost aller Küstenlandstriche des Mittelmeeres ist sie zu Hause: Die Jakobsmuschel. Sie hat ihren festen Platz nicht nur in der Kochkunst, sondern auch in der europäischen Kulturgeschichte; ist sie doch das Pilgerzeichen schlechthin. Das ist sie geworden, weil die Muschelklappe als Schöpf-(Trink-)gefäß, besonders für die Pilger nach Santiago de Compostella (Jakobsmuschel!) oder nach Jerusalem diente.

Bei der Amtseinführung Papst Benedikts XVI. sah man auf seinem Meßgewand die Muschel. In seinem Wappen taucht ebenfalls eine auf! Bei der Muschel liegt natürlich der Hinweis auf die Kirche als das pilgernde Gottesvolk nahe. Aber da ist noch eine weitere Bedeutung der Muschel, die auf das Fest Dreifaltigkeit hinweist, Botticelli, Murillo, Rubens und andere große Künstler haben sie in herrlichen Bildern festgehalten. Vom hl. Augustinus, der in 15 Büchern über das Geheimnis der Dreifaltigkeit nachdachte und um dieses zentrale Glaubensgeheimnis intensiv gerungen hat, erzählt eine Legende, wie er auf einem Spaziergang am Meeresstrand versunken in seine tiefen Gedanken zur Dreifaltigkeit plötzlich ein spielendes Kind sah. Mit einer kleinen Muschel schöpfte der Knabe Meereswasser in ein Sandloch. „Was machst Du denn da?“, fragt der große Theologe den kleinen Burschen und der antwortet: „Ich fülle mit meiner Muschel das Meer um.“ Eine kleine Muschel für das große Meer! Theologie vor dem Geheimnis der Allerheiligsten Dreifaltigkeit. Augustinus hat sofort verstanden: Theologie muß bescheiden bleiben. Gläubige Unwissenheit („fidelis ignorantia“) ist allemal besser als verwegene, sich selbst überschätzende Wissenschaft („temeraria scientia“, Serm. 27,4). Vor der Allerheiligsten Dreifaltigkeit gibt es nur das „fromme Bekenntnis der Unwissenheit“ („pia confessio ignorantiae“, Serm. 122,5). Diese Unwissenheit kann, darf und muß ganz besonders beim Theologen sehr wohl eine tieferfahrene und gelehrte Unwissenheit sein: „docta ignorantia" (Ep. 138,28). Das Glaubensgeheimnis der Allerheiligsten Dreifaltigkeit lehrt Bescheidenheit, das ist die Botschaft der Muscheln des Papstes. Das pilgernde Gottesvolk unter der Führung seines obersten Hirten hat ein Ziel, und dieses Ziel ist das beglückende Erlebnis der Allerheiligsten Dreifaltigkeit in der ewigen Herrlichkeit.

Natürlich braucht der Gläubige nicht die 15 Bände über die Dreifaltigkeit des hl. Augustinus zu lesen. Es geht auch ohne theologische „haute cuisine". Die Muschel, mit der wir das Geheimnis der Allerheiligsten Dreifaltigkeit in unseren Alltag holen können, gleichsam die Hausmannskost des Glaubens, das kann zum Beispiel das Kreuzzeichen „im Namen des Vaters und des Sohnes und des Heiligen Geistes" sein. Das kann das „Ehre sei dem Vater und dem Sohn und dem Heiligen Geist" sein – wenn es denn bewußt gebetet wird. In den Kirchen des byzantinischen Ritus legt man den Daumen und die ersten beiden Finger zusammen und bekreuzigt sich dann, so wird das Geheimnis der Allerheiligsten Dreifaltigkeit beim Kreuzzeichen noch sinnfälliger dargestellt.

Die Muschel auf dem Meßgewand und im Wappen des neuen Papstes lehren uns Bescheidenheit, die Bescheidenheit vor dem Geheimnis der Allerheiligsten Dreifaltigkeit, die eine prägnante Formulierung des Theologen Joseph Ratzinger großartig zum Ausdruck bringt: „Hier gelangen wir in einen Bereich, in dem nur das demütige Geständnis des Nicht-Wissens, wahres Wissen und nur das staunende Verbleiben vor dem unfaßbaren Geheimnis, rechtes Bekenntnis zu Gott sein kann."

Tatsächlich sollten wir alle am Dreifaltigkeitsfest diese „Muschelerfahrung" machen, das heißt uns der Grenzen des menschlichen Verstandes bewußt werden. Diese „Muschelerfahrung" sollte dazu führen, daß wir das Kreuzzeichen und das „Ehre sei dem Vater" bewußter beten, dann ist in unserem Leben die Hausmannskost zur „Haute Cuisine" geworden.

„Haute Couture“ des Glaubens

Joh 16,12–15

12 Noch vieles habe ich euch zu sagen, aber ihr könnt es jetzt nicht tragen.
13 Wenn aber jener kommt, der Geist der Wahrheit, wird er euch in die ganze Wahrheit führen. Denn er wird nicht aus sich selbst heraus reden, sondern er wird sagen, was er hört, und euch verkünden, was kommen wird.
14 Er wird mich verherrlichen; denn er wird von dem, was mein ist, nehmen und es euch verkünden.
15 Alles, was der Vater hat, ist mein; darum habe ich gesagt: Er nimmt von dem, was mein ist, und wird es euch verkünden.

Mindestens einmal im Jahr taucht sie auf allen Bildschirmen und in allen wichtigen Zeitungen auf, nämlich dann, wenn die „Haute Couture“ ihre schönste Modenschau feiert: die „scalinata della Trinità dei Monti“. Die großartige Treppe, die zur Kirche der allerheiligsten Dreifaltigkeit in Rom führt. Im Deutschen wird sie nach ihrem unteren Ende, der Piazza di Spagna, „Spanische Treppe“ genannt, und hier, sozusagen „parterre“ fanden dann auch vor Jahren schlagzeilenträchtige Vergnügungen eines deutschen Supermanagers statt.

„Französische Treppe“ wäre wohl richtiger, diese führt nämlich zu einer französischen Kirche und ist von einem französischen Botschafter finanziert worden. Da paßt dann auch die „Haute Couture“ ganz gut hinein. Die schönsten Creationen, getragen von den schönsten Models, werden auf der Schönsten aller Treppen zu einem Triumph der Schönheit. Schönheit ist im letzten wie die Liebe, ein Geheimnis. Es gibt nämlich keine mathematische oder physikalische Formel dafür. „Hier gelangen wir in einen Bereich, in dem nur das demütige Geständnis des Nicht-Wissens, wahres Wissen und nur das staunende Verbleiben vor dem unfaßbaren Geheimnis, rechtes Bekenntnis zu Gott sein kann. Liebe ist immer ‚Mysterium‘: mehr als man berechnend und nachrechnend begreifen kann“ (Joseph Ratzinger).

Und das ist doch wirklich ein Fest wert, eben das Dreifaltigkeitsfest. Es ist „eine Art Zusammenfassung, die hinter der ganzen Erlösung die Tat des dreifaltigen Gottes sichtbar macht und verherrlicht“ (Joseph Pascher). Mit jedem Kreuzzeichen stellen wir uns unter das Geheimnis der Dreifaltigkeit. Mit jedem „Ehre sei dem Vater“ neigen wir uns ehrfürchtig, und in jedem Glaubensbekenntnis verkünden wir das Geheimnis der allerheiligsten Dreifaltigkeit als „Substanz des Neuen Testamentes“ (Leo XIII.) Hier geht es also nicht um eine Randwahrheit, sondern um das Zentrum unseres christlichen Glaubens: „Da die Spuren Gottes in einer säkularisierten Welt ohnehin sehr verschüttet sind, ist diese Konzentration auf den Dreifaltigen Gott als Ursprung und bleibenden Grund unseres Lebens auf der ganzen Welt die vordringlichste Aufgabe der heutigen Theologie", rief Papst Johannes Paul II. am 18. November 1980 den deutschen Theologieprofessoren in Altötting zu. Prophetische Worte: ist es doch heute unter vielen Feuilletonphilosophen wieder Mode, den Glauben an den einen Gott, den Monotheismus, als Quelle der Intoleranz, ja des Bösen zu identifizieren. Da hilft es schon weiter, wenn man sich klar macht: „die innere Logik des christlichen Gottesglaubens zwingt zur Überschreitung eines bloßen Monotheismus, und führt zum Glauben an den dreieinigen Gott" (Joseph Ratzinger).

Die allerheiligste Dreifaltigkeit ist die „Haute Couture" des Monotheismus, sie macht ihn erst wirklich schön. Eine Schönheit allerdings, die für jeden erschwinglich ist, die tatsächlich alltagstauglich ist: Wenn Sie in München vom Viktualienmarkt zum Hofbräuhaus gehen, kommen Sie vielleicht an der Dreifaltigkeitskirche vorbei. Entstanden ist sie fast zur gleichen Zeit wie die „scalinata della Trinità dei Monti" in Rom. Auch die Münchner Kirche zeigt die gelungene Synthese von Theologie und mystischer Erfahrung in großartiger Schönheit. Jedes Kreuzzeichen auf einem Gang zwischen Viktualienmarkt und Hofbräuhaus bezeugt die Alltagstauglichkeit des Glaubens an die allerheiligste Dreifaltigkeit.

Natürlich können Sie sich auch „parterre" vergnügen und ausleben, wie der bestbezahlte deutsche Automechaniker. Das Dreifaltigkeitsfest aber lädt Sie zum Aufstieg ein. Steigen Sie die „scalinata della Trinità" hinauf, denn dazu sind Sie berufen. Ihr Leben ist berufen zum Aufstieg des Glaubens in Schönheit und zur Schönheit. Sie dürfen nur nicht „parterre" bleiben.

„Fit for ever“ ohne Risiken und Nebenwirkungen

Lk 1,39–56

39 Nach einigen Tagen machte sich Maria auf den Weg und eilte in eine Stadt im Bergland von Judäa.
40 Sie ging in das Haus des Zacharias und begrüßte Elisabeth.
41 Als Elisabeth den Gruß Marias hörte, hüpfte das Kind in ihrem Leib. Da wurde Elisabeth vom Heiligen Geist erfüllt
42 und rief mit lauter Stimme: Gesegnet bist du mehr als alle anderen Frauen, und gesegnet ist die Frucht deines Leibes.
43 Wer bin ich, daß die Mutter meines Herrn zu mir kommt?
44 In dem Augenblick, als ich deinen Gruß hörte, hüpfte das Kind vor Freude in meinem Leib.
45 Selig ist die, die geglaubt hat, daß sich erfüllt, was der Herr ihr sagen ließ.
46 Da sagte Maria: Meine Seele preist die Größe des Herrn, /
47 und mein Geist jubelt über Gott, meinen Retter.
48 Denn auf die Niedrigkeit seiner Magd hat er geschaut. / Siehe, von nun an preisen mich selig alle Geschlechter.
49 Denn der Mächtige hat Großes an mir getan / und sein Name ist heilig.

50 Er erbarmt sich von Geschlecht zu Geschlecht / über
alle, die ihn fürchten.
51 Er vollbringt mit seinem Arm machtvolle Taten: / Er
zerstreut, die im Herzen voll Hochmut sind;
52 er stürzt die Mächtigen vom Thron / und erhöht die
Niedrigen.
53 Die Hungernden beschenkt er mit seinen Gaben /
und läßt die Reichen leer ausgehen.
54 Er nimmt sich seines Knechtes Israel an / und denkt
an sein Erbarmen,
55 das er unsern Vätern verheißen hat, / Abraham und
seinen Nachkommen auf ewig.
56 Und Maria blieb etwa drei Monate bei ihr; dann
kehrte sie nach Hause zurück.

Wellness boomt nicht nur in Deutschland, sondern weltweit. Immer mehr Produkte werden in die Materialschlacht gegen den Alterungsprozeß geworfen. Von Wundersalben bis zu Vitamin- und Hormonkuren findet alles begeisterte Abnehmer. Gemeinsam ist diesen Produkten, daß sie dem Verbraucher echt „ans Geld" gehen und viele Anbieter das „ganz große Geld" damit machen. Finanzielle und medizinische Risiken und Nebenwirkungen werden verdrängt und ausgeblendet. Der Absatz dieser Produkte ist nicht zu bremsen!

Dahinter steht nämlich eine große, tiefe Ursehnsucht des Menschen: Die Sehnsucht nach langem Leben, fit und gesund an Leib und Seele.

Daraus erwächst dann wohl zu recht das Bedürfnis nach einer ganzheitlichen Medizin, die Leib und Seele umfaßt, denn der Tod ist die Trennung von Leib und Seele, und der soll möglichst lange hinausgeschoben werden, mit allen möglichen oder auch unmöglichen Mitteln.

Das Fest der leiblichen Aufnahme Mariens in den Himmel ist die eigentliche Antwort auf diese Ursehnsucht des Menschen. Der Glaube bietet eine Medizin ohne Risiken und Nebenwirkungen! Die hl. Hildegard von Bingen hat einmal die Gottesmutter Maria als „mater medicinae" bezeichnet. Sie meinte damit natürlich, daß die Gottesmutter uns mit Jesus Christus das Heilmittel schlechthin geschenkt hat. Am Himmelfahrtstag werden in vielen Kirchen, vor allem Süddeutschlands, Kräuterbuschen geweiht: Sinnfälliges Zeichen dafür, daß Gott im Alltag auch unseres Alterungsprozesses helfend gegenwärtig ist, denn der Glaube ist immer auch konkret. Deswegen ist dieses Fest tatsächlich ein Fest der Leiblichkeit. Maria ist der erste vollerlöste Mensch, weil sie nicht nur mit ihrer Seele, sondern mit Seele und Leib in der ewigen Herrlichkeit Gottes ist. Das sagt Mariä Himmelfahrt verbindlich aus.

Die leibliche Aufnahme Mariens in den Himmel ist der Aperitif auf die Wiedervereinigung von Leib und Seele, die auch wir – allerdings erst am Jüngsten Tag – erfahren werden.

Das Fest der leiblichen Aufnahme Mariens in den Himmel bringt deutlich zum Ausdruck: der Glaube ist konkret. Im Glauben gibt es keine endgültige Trennung von Leib und Seele, der Leib ist nicht das Gefängnis der Seele. Leibfeindlichkeit ist nicht katholisch, wie schon ein kurzer Blick in die Sixtina, die Kapelle, in der der Papst gewählt wird, aber auch in jede Barockkirche zeigt.

In der Weihe der Kräuterbuschen leuchtet etwas auf vom Bewußtsein, daß Maria als „mater medicinae“ auch im Alltag hilft. Im Alltag des Alterungsprozesses, im Alltag des Todesprozesses und darüber hinaus. Sie ist, weil mit Leib und Seele in den Himmel aufgenommen, Unterpfand unserer eigenen Herrlichkeit. Deshalb ist dieses Fest tatsächlich für Leib und Seele ein Versprechen. Das Versprechen: „fit for ever“ ohne Risiken und Nebenwirkungen. Feiern wir in diesem Sinne dieses Marienfest in unbekümmerter Schöpfungsfreude und auch mit ein wenig Dankbarkeit dafür, daß unser Glaube so konkret ist. Unser Glaube kümmert sich auch um den Körper, dem Glauben ist der Körper nicht gleichgültig. Leib und Seele gehören zusammen. Die Trennung von Leib und Seele ist der Tod, dieser Tod ist in Maria erstmals in ganzer Herrlichkeit voll überwunden.

In vielen Wallfahrtsorten werden an diesem Abend Lichterprozessionen abgehalten; Maria hat ja das Licht in eine dunkle Welt gebracht. Lassen wir uns mit Kräuterbuschen und Kerzenlicht, einfach mit allen Sinnen, auf die Freude dieses Festes ein; lassen wir das Versprechen der leiblichen Aufnahme Mariens im oft so dunklen Alltag aufleuchten: „fit for ever“ ohne Risiken und Nebenwirkungen mit der „Mutter der Medizin“, der Gottesmutter, die mit Leib und Seele in den Himmel aufgenommen worden ist.

„Be happy!“ Nicht gruseln, mehr Freude!

2 Makk 12,43–45

43 Er veranstaltete eine Sammlung, an der sich alle
beteiligten, und schickte etwa zweitausend Silberdrach-
men nach Jerusalem, damit man dort ein Sündopfer
darbringe. Damit handelte er sehr schön und edel; denn
er dachte an die Auferstehung.
44 Hätte er nicht erwartet, daß die Gefallenen aufer-
stehen werden, wäre es nämlich überflüssig und sinnlos
gewesen, für die Toten zu beten.
45 Auch hielt er sich den herrlichen Lohn vor Augen,
der für die hinterlegt ist, die in Frömmigkeit sterben. Ein
heiliger und frommer Gedanke! Darum ließ er die Toten
entsühnen, damit sie von der Sünde befreit werden.

In unserer Spassgesellschaft, die in „erlebnisintensiven Events“ rauschhafte Selbstvergessenheit sucht, wird das Sterben und der Tod ausgegrenzt. Verborgenes Sterben und namenlose Beerdigungen werden immer häufiger. Die Toten kommen immer öfter als „Halloween-Kürbisse“ und in „after-work-Gruselpartys“ vor.

So werden Tote zur makaberen Karikatur einer im Wortsinn „gnadenlosen“ Spaßkultur. Hier haben Tote keine Lobby mehr, denn sie schreiben ja keine Leserbriefe, nehmen nicht an Meinungsumfragen teil, und vor allem gehen sie nicht mehr zu den Wahlen, sie sind gesellschaftlich nicht mehr relevant.

Gegen diese Verdrängung steht der Allerseelentag, denn Tote fallen eben nicht aus der Gemeinschaft der Kirche, entweder sind sie in der Anschauung Gottes Glieder der himmlischen Kirche oder als „arme Seelen“ Glieder der leidenden Kirche, denn nur die ewige Verdammnis schließt aus der Kirche endgültig aus. Auch wenn man diese Möglichkeit einer ewigen Verdammnis buchstäblich „tod-ernst“ nehmen muß, sollte das schlichte Faktum, daß die Kirche zwar unzählige Menschen mit Gewißheit als Heilige verehrt und im Fest Allerheiligen diese unüberschaubare Zahl Heiliger auch besonders feiert, aber auf der anderen Seite von keinem Menschen die ewige Verdammnis eindeutig festgestellt hat, Hoffnung geben. Und diese Hoffnung hat einen Namen: „Fegefeuer“: Wie viele Menschen würden endgültig verloren gehen, wenn es nicht diesen Reinigungs- und Vorbereitungsort gäbe, sondern nur die Alternative zwischen Himmel und Hölle. Das Fegefeuer ergibt sich aus der Barmherzigkeit Gottes: „Denn es ist im Fegefeuer nicht Gottes Zorn, der uns straft, es ist Gottes Liebe“ (Herman Schell). Die Liebe Gottes achtet den Menschen auch als Sünder nach dem Tod so, daß sie seine Sünden ernst nimmt. Gott erklärt niemand für gerecht, ohne ihn auch gerecht zu machen. Die Seele, die nach Gott verlangt, der aber der Blick auf Gott noch durch die aufgehäuften Sündenstrafen verwehrt ist, verzehrt sich in Sehnsucht nach der Gegenwart Gottes: „Erst wenn der Wille ganz ausgeglüht ist von den Schlacken des Diesseits, ist die Seele reif für Gott, wirklich gerecht gemacht“ (Herman Schell).

Wir sollten uns das Fegefeuer allerdings nicht als gemütlichen „Transitroom“, sondern eher als sehr intensive, ja schmerzliche Reinigung vorstellen: „Der kleinste Schmerz im Fegefeuer ist größer als der größte Schmerz auf Erden“ meint der hl. Thomas von Aquin. Diese Qual, nämlich den Anblick Gottes entbehren zu müssen, übersteigt bei weitem all unsere Vorstellungskraft. Und hier kommen wir Lebenden, die Glieder der pilgernden Kirche auf Erden ins Spiel, denn wir können den Verstorbenen ihre Qualen erleichtern: „Stellvertretende Liebe ist eine zentrale christliche Gegebenheit, und die Fegfeuerlehre sagt aus, daß es für diese Liebe die Todesgrenze nicht gibt. Die Möglichkeit des Helfens und des Schenkens erlöschen für den Christen mit dem Tod nicht, sondern umgreifen die ganze Communio sanctorum, diesseits und jenseits der Todesschwelle“ (Joseph Ratzinger).

Im Gebet für die Verstorbenen und vor allem auch durch hl. Meßopfer können wir den Verstorbenen beistehen. So bietet der Allerseelentag die tröstende Gewißheit, daß wir mit unseren Verstorbenen in einer innigen Gebetsgemeinschaft verbunden sind. Auf der anderen Seite steht das Allerseelenfest gegen die Chimären des Aberglaubens, die Tote mit magischen Praktiken beschwören oder in Halloween-Kürbissen wiederbeleben zu wollen. Die Fegefeuerlehre ist ein wichtiger und entscheidender Beitrag zur „Psychohygiene", gerade des modernen Menschen. Ein unverkrampftes Verhältnis zum Tod und zu den Toten macht unsere „after-live-party" zum ewigen Freudenfest.

Ein Leitartikel bewegt die Welt!

Mt 25,31–46

*31 Wenn der Menschensohn in seiner Herrlichkeit
kommt und alle Engel mit ihm, dann wird er sich auf
den Thron seiner Herrlichkeit setzen.
32 Und alle Völker werden vor ihm zusammengerufen
werden und er wird sie voneinander scheiden, wie der
Hirt die Schafe von den Böcken scheidet.
33 Er wird die Schafe zu seiner Rechten versammeln,
die Böcke aber zur Linken.
34 Dann wird der König denen auf der rechten Seite
sagen: Kommt her, die ihr von meinem Vater gesegnet
seid, nehmt das Reich in Besitz, das seit der Erschaf-
fung der Welt für euch bestimmt ist.
35 Denn ich war hungrig, und ihr habt mir zu essen
gegeben; ich war durstig, und ihr habt mir zu trinken
gegeben; ich war fremd und obdachlos, und ihr habt
mich aufgenommen;
36 ich war nackt, und ihr habt mir Kleidung gegeben;
ich war krank, und ihr habt mich besucht; ich war im
Gefängnis, und ihr seid zu mir gekommen.
37 Dann werden ihm die Gerechten antworten: Herr,
wann haben wir dich hungrig gesehen und dir zu essen
gegeben, oder durstig und dir zu trinken gegeben?*

*38 Und wann haben wir dich fremd und obdachlos gesehen
und aufgenommen, oder nackt und dir Kleidung gegeben?
39 Und wann haben wir dich krank oder im Gefängnis
gesehen und sind zu dir gekommen?
40 Darauf wird der König ihnen antworten: Amen, ich
sage euch: Was ihr für einen meiner geringsten Brüder
getan habt, das habt ihr mir getan.
41 Dann wird er sich auch an die auf der linken Seite
wenden und zu ihnen sagen: Weg von mir, ihr Verfluch-
ten, in das ewige Feuer, das für den Teufel und seine
Engel bestimmt ist!
42 Denn ich war hungrig, und ihr habt mir nichts zu
essen gegeben; ich war durstig, und ihr habt mir nichts
zu trinken gegeben;
43 ich war fremd und obdachlos, und ihr habt mich
nicht aufgenommen; ich war nackt, und ihr habt mir
keine Kleidung gegeben; ich war krank und im Gefäng-
nis, und ihr habt mich nicht besucht.
44 Dann werden auch sie antworten: Herr, wann haben
wir dich hungrig oder durstig oder obdachlos oder nackt
oder krank oder im Gefängnis gesehen und haben dir
nicht geholfen?
45 Darauf wird er ihnen antworten: Amen, ich sage
euch: Was ihr für einen dieser Geringsten nicht getan
habt, das habt ihr auch mir nicht getan.
46 Und sie werden weggehen und die ewige Strafe er-
halten, die Gerechten aber das ewige Leben.*

Jeder Journalist träumt vom großen Leitartikel, mit dem er etwas, am liebsten die ganze Welt wirklich bewegt. Der berühmte, engagiert pazifistische Publizist Walter Fabian (1902–1992) drückte diesen Traum in einem Buchtitel „Leitartikel bewegen die Welt" (Stuttgart 1964), einer Sammlung berühmter Leitartikel, aus. Das Leben von Walter Fabian, der Verbannung, Exil, Mißverständnisse und Haß ertragen mußte, zeigt, daß hier die immer wieder enttäuschte Hoffnung eines (wohl jeden) Publizisten zum Buchtitel geworden ist: Mit einem Leitartikel die Welt bewegen!

Zum Christkönigsfest gibt es auch einen Leitartikel, er beschreibt pointiert und geschliffen die Situation und zeigt die Aktualität des Regierungsprogrammes von Christus dem König für unsere Gegenwart: „Die überaus bitteren Früchte, welche die Abkehr der Einzelnen und der Staaten von Gott in so großer Zahl und andauernd zeitigte (...) beklagen wir heute wieder: Nämlich den weit verbreiteten Samen der Zwietracht, jenen verzehrenden Neid und jene aufgestachelten Eifersüchteleien unter den Völkern, die eine friedliche Wiederversöhnung noch weitgehend behindern; die Zügellosigkeit der Leidenschaften und Begierden, die sich nicht selten unter der Maske der Vaterlandsliebe verbergen und als Folgen dieser Unbeherrschtheit sowohl Streitigkeiten unten den Bürgern als auch jene blinde und schrankenlose Selbstsucht, die nur auf den eigenen Vorteil und Nutzen schaut und alles einzig danach bemißt. Der häusliche Friede ist durch Pflichtvergessenheit und Pflichtvernachlässigung völlig zerrüttet. Die Einheit und die Beständigkeit der Familiengemeinschaft ist untergraben. Die menschliche Gesellschaft selbst ist erschüttert und treibt dem Abgrunde zu."

Das ist ein Auszug aus einem echten Leitartikel, der in einer echten Tageszeitung, dem „Osservatore Romano", erschienen ist! Dieser Leitartikel stammt aus päpstlicher Feder, es ist die Enzyklika „Quas primas" vom 11. Dezember 1925. Diese Enzyklika ist natürlich länger, als ein Leitartikel in einer Tageszeitung sein könnte, aber der zitierte Auszug (AAS, 17 [1925] S. 605) zeigt schon die ganze Aktualität des Regierungsprogramms von Christus dem König. Ein Leitartikel hat die Welt bewegt. Ein Leitartikel, der die Königsherrschaft Christi als Modell der Barmherzigkeit darstellt.

Mit dem Ruf: „Es lebe Christus der König" starben unzählige Märtyrer in Mexiko und im spanischen Bürgerkrieg. „O du mein Heiland, hoch und hehr, dem sich der Himmel beuget, von dessen Liebe, dessen Macht die ganze Schöpfung zeuget. Christus, mein König, dir allein, schwör ich die Liebe lilienrein, bis in den Tod die Treue." So hatte schon 1915 der berühmte Jesuitentheologe Erich Przywara gedichtet, und es ist bezeichnend, daß dieses Lied nach 1933 schnell Aufnahme in viele diözesane Gebets- und Gesangbücher fand, in Augsburg schon 1934. Unter der Anrufung Christus des Königs fanden gerade im Dritten Reich eindrucksvolle katholische Glaubensdemonstrationen statt. Eine Provokation für die Gewaltherrscher! Die Königsherrschaft Christi ist eine Herausforderung für alle Mächtigen dieser Welt und der Maßstab, an dem sie sich messen lassen müssen. Unser Tagesevangelium bietet das Regierungsprogramm von Christus dem König. Es ist das Programm der Barmherzigkeit, das aber deutlich macht, daß man sich auch und endgültig verfehlen kann, (vgl. Katechismus der Katholischen Kirche, Nr. 680–683). Damit wird dieses Fest und seine Botschaft auch zur Provokation für unser Alltagsleben.

Der Leitartikel Pius' XI. hat die Welt bewegt, er sollte aber auch unseren Alltag bewegen. Denn nur dann dürfen auch wir mit einem Christkönigslied von 1948 hoffen, daß das Gericht für uns zur Gnade wird: „Christus König, dem wir dienen, Glut verklärend stehen im Streit, über Gräben und Ruinen, Flammen deiner Herrlichkeit. Deiner Krone Strahlen, senden den Erwählten mächtig Licht, wenn die Heiligen sich vollenden, wird zur Gnade das Gericht". (Karl Heinrich Hodes, Über drohenden Gewittern, 4. Strophe). Das Gericht, das endgültige Gericht über unser Leben, wird zur Gnade, wenn wir das Programm Christi in unser Leben übersetzen, wenn wir unsere Herzen vom Leitartikel Pius' XI. über Christus den König bewegen lassen.

Spitzenlage des Glaubens: Der „Jahrtausendwein“

Joh 2,1–11

1 Am dritten Tag fand in Kana in Galiläa eine Hochzeit
statt, und die Mutter Jesu war dabei.
2 Auch Jesus und seine Jünger waren zur Hochzeit ein-
geladen.
3 Als der Wein ausging, sagte die Mutter Jesu zu ihm:
Sie haben keinen Wein mehr.
4 Jesus erwiderte ihr: Was willst du von mir, Frau? Mei-
ne Stunde ist noch nicht gekommen.
5 Seine Mutter sagte zu den Dienern: Was er euch sagt,
das tut!
6 Es standen dort sechs steinerne Wasserkrüge, wie es
der Reinigungsvorschrift der Juden entsprach; jeder faßte
ungefähr hundert Liter.
7 Jesus sagte zu den Dienern: Füllt die Krüge mit Was-
ser! Und sie füllten sie bis zum Rand.
8 Er sagte zu ihnen: Schöpft jetzt und bringt es dem, der
für das Festmahl verantwortlich ist. Sie brachten es ihm.
9 Er kostete das Wasser, das zu Wein geworden war. Er
wußte nicht, woher der Wein kam; die Diener aber, die
das Wasser geschöpft hatten, wußten es. Da ließ er den
Bräutigam rufen
10 und sagte zu ihm: Jeder setzt zuerst den guten Wein
vor und erst, wenn die Gäste zu viel getrunken haben,

den weniger guten. Du jedoch hast den guten Wein bis jetzt zurückgehalten.
11 So tat Jesus sein erstes Zeichen, in Kana in Galiläa, und offenbarte seine Herrlichkeit und seine Jünger glaubten an ihn.

GEGEN ENDE DES 19. Jahrhunderts begann wieder der Weinanbau im Heiligen Land, und heute gibt es sie wieder, echte israelische Spitzenweine, meist aus den Anbaugebieten des oberen Galiläa oder der Golanhöhen. Der „Kleine Johnson", das Buch, das viele Weinkenner wohl häufiger zu Rate ziehen als die Heilige Schrift, zählt schon eine ganze Reihe solcher israelischer Spitzenweine auf. Natürlich ist der Jahrhundertwein, besser der „Jahrtausendwein" dort nicht aufgeführt. Verständlich, dieser Jahrtausendwein war eine einmalige Spezialabfüllung von etwa 480 bis 720 Litern, aus einem ganz bestimmten Anlaß: der Wein für die Hochzeit von Kana.
Ein wirklicher Spitzenwein, wie der Organisator und „Sommelière" der Hochzeit voller Verwunderung feststellen konnte. Das Wunder auf der Hochzeit von Kana gibt Zeugnis von der Schöpfungsfreude unseres Glaubens: Jesus erscheint auf einer Hochzeit, er feiert mit, ja er „spendiert" sogar den Wein, und zwar in Überfülle.
Soweit könnte diese Geschichte noch im „Kleinen Johnson" stehen, aber sie weist weit darüber hinaus: Da ist Maria, die Mutter des Herrn, auch sie

ist Gast auf dem Fest. Als gute Hausfrau „checkt" sie als erste, daß die Weinvorräte für ein solches Fest, das bis zu sechs Tagen dauern konnte, zu knapp kalkuliert sind, und sie weiß nur einen, der da helfen kann: ihren Sohn. Sie bittet ihn nicht, sondern sie gibt nur einen dezenten und diskreten Hinweis, die Antwort ihres Sohnes ist eine klassische „Einleitungsformel", keineswegs eine Zurückweisung. Die Anrede „Frau" deutet schon die Vollendung der „Stunde" an, der Stunde, die mit diesem Wunder beginnt. So wird er seine Mutter nämlich auch vom Kreuz herab ansprechen: „Frau, siehe, dein Sohn" (Joh 19,26).
Maria weiß genau, was ihr Sohn meint, das zeigt die Anweisung an die Diener: „Was er euch sagt, das tut!" Hier benutzt sie die gleichen Worte, mit denen Pharao die hungernden Ägypter zu Josef geschickt hatte, damit er ihnen zu essen gäbe (Gen 41,55). Maria erkennt die Notlage, Maria kennt den Weg, und Maria bereitet den Weg. Der heilige Thomas von Aquin beruft sich auf diese Schriftstelle, wenn er von der Mittlerschaft Mariens spricht.
Das Wunder hatte „natürliche" Voraussetzungen, da waren die sechs steinernen Krüge, aber eine ganz bestimmte Logistik war auch nötig: „Kein ganz einfaches Unternehmen, da Wasser im Gewicht von mehreren Zentnern im Höchstfall bis zu 700 kg herbeigetragen werden mußte", (Ernst Haenchen). Das eigentliche Wunder geschieht

dann eher en passant, durch einen reinen göttlichen Willensakt, ganz ähnlich wie bei der Brotvermehrung: Wunder, die schon auf das Geheimnis des Kreuzes hindeuten und damit auch auf das Geheimnis des Altares. Das Wandlungswunder ereignet sich nämlich in jeder heiligen Messe wieder aufs neue. Wer Wasser in Wein verwandeln kann, der kann auch Wein in sein Blut verwandeln. Die große theologische Tradition drückt das mit dem exakten unaufgebbaren Begriff der „Transsubstantiation" aus.

Der „Jahrtausendwein" ist nicht vergriffen, er ist für uns im Glauben griffbereit und jederzeit erreichbar, wir sollten die Mahnung des hl. Cyprian wirklich ernst nehmen: wenn der Herr aus Wasser Wein macht, dürfen wir aus Wein kein Wasser machen (vgl. Ep. 63,12): den Glauben nicht verwässern!

„Unsere liebe Frau vom Karneval“ und die acht Seligkeiten

Mt 5,1–12a

1 Als Jesus die vielen Menschen sah, stieg er auf einen Berg.
Er setzte sich, und seine Jünger traten zu ihm.
2 Dann begann er zu reden und lehrte sie.
3 Er sagte: Selig, die arm sind vor Gott; / denn ihnen ge-
hört das Himmelreich.
4 Selig die Trauernden; / denn sie werden getröstet werden.
5 Selig, die keine Gewalt anwenden; / denn sie werden das
Land erben.
6 Selig, die hungern und dürsten nach der Gerechtigkeit; /
denn sie werden satt werden.
7 Selig die Barmherzigen; / denn sie werden Erbarmen fin-
den.
8 Selig, die ein reines Herz haben; / denn sie werden Gott
schauen.
9 Selig, die Frieden stiften; / denn sie werden Söhne Gottes
genannt werden.
10 Selig, die um der Gerechtigkeit willen verfolgt werden; /
denn ihnen gehört das Himmelreich.
11 Selig seid ihr, wenn ihr um meinetwillen beschimpft und
verfolgt und auf alle mögliche Weise verleumdet werdet.
12 Freut euch und jubelt: Euer Lohn im Himmel wird groß
sein. Denn so wurden schon vor euch die Propheten verfolgt.

MANCHMAL KOMMT UNS ausgerechnet am Faschingssonntag die Kirche im Evangelium mit den acht Seligkeiten. Tut sich da nicht wieder eine Kluft zwischen der Lebenswirklichkeit und der Verkündigung auf, die man mit einfallsreichen „Faschingsgottesdiensten“ nur mühsam überbrücken kann? Hören wir genau hin: In allen drei Texten der Heiligen Schrift, die uns die Kirche an diesem Sonntag vorlegt, „wird auf den Kopf gestellt, was man bürgerliche Werteordnung nennt“ (Klaus Berger). Karneval bzw. Fasching haben genau in der Umkehrung der „bürgerlichen“ Ordnung ihren Ursprung: Für drei Tage soll die Welt buchstäblich auf den Kopf gestellt werden und jetzt wird es spannend: Jesus stellt in unserem Evangelium den von uns allen so heiß begehrten Habseligkeiten die acht Seligkeiten entgegen. Eine schärfere Umkehr der alltäglichen Lebens- und faktischen Werteordnung ist kaum denkbar. Und diese Umkehr gilt nicht für drei Tage, sondern für ein ganzes Leben, mehr noch, ihr Ziel ist der „Lohn im Himmel“, die Ewigkeit.

Wenn wir uns diese Seligkeiten genau ansehen, dann blicken wir in einen Spiegel, und was wir da sehen, sollte uns auch im Fasching nachdenklich werden lassen. Fühlen wir uns vor Gott wirklich arm? Kennen wir unsere Grenzen und unsere Begrenzungen? Über Verluste trauern wir häufig und intensiv, aber über die eigenen Fehler und die eigenen Launen, unter denen unsere Umgebung so oft leidet, – trauern wir da auch? Wie oft wollen wir mit dem Kopf durch die Wand, wie schwer fällt uns manchmal der Verzicht auf Gewalt? Wir hungern und dürsten nach der Gerechtigkeit vor allem dann, wenn wir uns selbst ungerecht behandelt fühlen. Barmherzigkeit lassen wir uns lieber gewähren, als sie selbst zu gewähren.

Brillenträger wissen, daß sie mehrmals am Tag ihre Brille reinigen müssen, um einen klaren Blick zu bekommen. Nur wer mit dem Herzen sieht, kann richtig sehen. Nur wer mit reinem Herzen sieht, sieht die Wirklichkeit in Echtzeit. Wie steht es um unser reines Herz? Ist nicht die Brille unseres Herzens verschmiert und verkrustet? Sollten wir sie nicht wieder einmal reinigen? Wann haben wir zum letzten Mal Frieden in unserem Alltag gestiftet? Leben wir mit uns selbst in Frieden? Keiner von uns möchte gerne verfolgt werden, auch nicht um der Gerechtigkeit willen. Wie oft machen wir Kompromisse, um uns Unannehmlichkeiten zu entziehen!

Jede der acht Seligkeiten trifft uns und fordert Umkehr. Die kann, ja wird unangenehme Folgen haben: Wir werden beschimpft und verleumdet werden!

So gesehen kann der Faschingssonntag tatsächlich zum Sonntag der Umkehr werden. Eine solche Umkehr hat Gertrud von le Fort unter dem Titel „Unsere liebe Frau vom Karneval“ großartig beschrieben. Die Legende aus dem Karneval von

Venedig zeigt die Kraft des fürbittenden Gebets und der Hilfe Mariens gerade im Fasching. Ein Sünder löst sich aus den Habseligkeiten seines verkommenen Lebens und findet die Seligkeit. Die Lektüre dieser venezianischen Legende aus dem Buch „Die Krone der Frau“ lohnt sich, auch in der Fastenzeit. „Unsere liebe Frau vom Karneval“ helfe uns auch an den „tollen Tagen“!

Skandalprimiz als Titelgeschichte

Lk 4,21–30

*21 Da begann er, ihnen darzulegen: Heute hat sich das
Schriftwort, das ihr eben gehört habt, erfüllt.
22 Seine Rede fand bei allen Beifall; sie staunten darüber, wie begnadet er redete, und sagten: Ist das nicht
der Sohn Josephs?
23 Da entgegnete er ihnen: Sicher werdet ihr mir das
Sprichwort vorhalten: Arzt, heile dich selbst! Wenn du
in Kafarnaum so große Dinge getan hast, wie wir gehört haben, dann tu sie auch hier in deiner Heimat!
24 Und er setzte hinzu: Amen, das sage ich euch: Kein
Prophet wird in seiner Heimat anerkannt.
25 Wahrhaftig, das sage ich euch: In Israel gab es viele
Witwen in den Tagen des Elija, als der Himmel für drei
Jahre und sechs Monate verschlossen war und eine große Hungersnot über das ganze Land kam.
26 Aber zu keiner von ihnen wurde Elija gesandt, nur zu
einer Witwe in Sarepta bei Sidon.
27 Und viele Aussätzige gab es in Israel zur Zeit des
Propheten Elischa. Aber keiner von ihnen wurde geheilt,
nur der Syrer Naaman.
28 Als die Leute in der Synagoge das hörten, gerieten
sie alle in Wut.*

29 Sie sprangen auf und trieben Jesus zur Stadt hinaus;
sie brachten ihn an den Abhang des Berges, auf dem
ihre Stadt erbaut war, und wollten ihn hinabstürzen.
30 Er aber schritt mitten durch die Menge hindurch
und ging weg.

Der Verkauf von Wochenmagazinen hängt ganz entscheidend an der Titelgeschichte. Wird eine knackige Titelgeschichte geboten, greifen die Käufer zu.

Man hat diesen Abschnitt des Neuen Testaments als „Titelgeschichte" des Lukasevangeliums bezeichnet, und das ist er in der Tat, auch wenn er sich erst im vierten Kapitel dieses Evangeliums befindet. Nicht nur bei Chefredakteuren von Wochenmagazinen, auch bei „Entertainern" und Moderatoren ist die Einschaltquote das Entscheidende: es geht um die meßbare Publikumsgunst. Sinkt die Quote, verliert auch der berühmteste Star seinen Sendeplatz. Und auf Sendung wollen sie alle bleiben, ähnlich ist es bei Politikern: sie wissen ganz genau, daß man unangenehme Wahrheiten (zumindest) nicht (direkt) sagen darf, sofern man wiedergewählt werden will. Politiker, Entertainer und Chefredakteure müssen auf die Einschalt- bzw. Wählerquote genau achten, wollen sie ihren Platz behaupten.

Auch in der Glaubensverkündigung gibt es die Quotenversuchung, und da hilft dieses Evangelium ganz entschieden weiter. Jesus hält in Nazareth seine „Nachprimiz“ (vgl. Heinz Schürmann). Diese „Nachprimiz“ ist ein Publikumserfolg: volles Haus, eine knackige Predigt, begeisterte Zuhörer, rundum Beifall und staunende Begeisterung. Die Szene ist nicht von gestern, sie ist von „heute“. Das „heute“ von Vers 21 macht uns alle zu Zeitgenossen dieser „Nachprimiz“, und damit sind wir im wörtlichsten Sinne des Wortes direkt betroffen. Wir sitzen alle in der Synagoge von Nazareth, jeder von uns ist gemeint.

Die Menschen in der Synagoge fühlen sich prächtig unterhalten. Es fehlt ihnen nur noch ein bißchen „action“. Am besten ein saftiges Wunder von „unserem Jungen“. Mit anderen Worten, es geht ihnen um Spaß und aktuelle Problemlösungen, um die Erwartung „irdischer Wohltaten“ (Heinz Schürmann). Jesus fährt nun seine Superquote vorsätzlich und bewußt in den Keller, indem er nämlich die Erwartungen seiner Zuhörer nicht nur nicht bedient, sondern auch noch tadelt und angreift. In diesem „Quotenkeller“ lauern die dunklen Instinkte einer enttäuschten Masse, bis hin zur Lynchjustiz. Die Menschen greifen buchstäblich zum Knüppel und werfen Jesus aus der Stadt hinaus, am liebsten würden sie ihn sofort ermorden. Ein „Entertainer“, der nicht nur seinen Sendeplatz verliert, sondern gleich auch noch sein Leben! Wenn wir die „Zeitgenossenschaft“ mit den Gläubigen in der Synagoge von Nazareth ganz ernst nehmen, dann müssen wir uns fragen, wie sind unsere Erwartungen an Jesus und wie sind unsere Erwartungen an die Kirche Jesu Christi. Erwarten wir nicht auch heute wieder Wunder? Die einen dramatische Erscheinungen und massive Eingriffe „von oben", die anderen Lösungen der sozialen Probleme, konkrete Hilfsaktionen usw. Spätestens hier sollten wir nachdenklich werden und uns fragen: Wie steht es denn um unseren Glauben an die Gottessohnschaft Jesu? Wie steht es um unseren Glauben an das ewige Seelenheil, zu dem er uns durch Menschwerdung und eben das Kreuz, das in unserem Evangelium schon seinen Schatten wirft, erlöst hat, und das wir auch verwirken können? Was bedeutet seine Predigt konkret in unserem Alltag? Suchen wir seine Nähe, zum Beispiel in der Sonntagsmesse, oder erwarten wir auch von der Sonntagsmesse „show" und „action"? Wollen wir unterhalten werden, oder sind wir tatsächlich bereit, mit dem Herrn ins Gespräch zu kommen, das heißt zu ihm zu beten? Die Primiz Jesu wurde zur Skandalprimiz, sie ist geplatzt, und sie ist gerade dadurch zur erfolgreichen Titelgeschichte eines echten „Longsellers", des Lukasevangeliums, geworden. Und die Fragen dieser Titelgeschichte sind auch in unserem Alltag heute brennend aktuell.

Die bayerische Armee: „Aufs Knie!“

Mk 1,40–50

40 Ein Aussätziger kam zu Jesus und bat ihn um Hilfe;
er fiel vor ihm auf die Knie und sagte: Wenn du willst,
kannst du machen, dass ich rein werde.
41 Jesus hatte Mitleid mit ihm; er streckte die Hand
aus, berührte ihn und sagte: Ich will es – werde rein!
42 Im gleichen Augenblick verschwand der Aussatz,
und der Mann war rein.
43 Jesus schickte ihn weg und schärfte ihm ein:
44 Nimm dich in acht! Erzähl niemand etwas davon,
sondern geh, zeig dich dem Priester und bring das Reinigungsopfer dar, das Mose angeordnet hat. Das soll
für sie ein Beweis (meiner Gesetzestreue) sein.
45 Der Mann aber ging weg und erzählte bei jeder Gelegenheit, was geschehen war; er verbreitete die ganze Geschichte, so daß sich Jesus in keiner Stadt mehr zeigen konnte; er hielt sich nur noch außerhalb der Städte an einsamen Orten auf. Dennoch kamen die Leute von überallher zu ihm.

Eigentlich spielt das Knie nur noch bei den Modeschauen der „Haute-Couture“ (frei, knielang, knieumspielt usw.) oder in der Orthopädie (Gonarthritis, Gonarthrose usw.) eine Rolle.

Tatsächlich aber hat das Knie in unserem Alltag, auch und gerade wenn es gesund ist, eine ganz besondere Bedeutung, nämlich beim Knien. In der heiligen Messe zum Beispiel haben die Gläubigen mindestens bei der Wandlung zu knien. Lobenswert ist es, vom Sanctus bis zum Ende des Hochgebetes zu knien, (Grundordnung des Römischen Meßbuchs, Nr. 43). Das Knien hat „unter allen übrigen gottesdienstlichen Haltungen einen besonderen Rang", denn: „Das Knien ist körperlicher Ausdruck einer unerläßlichen geistigen Grundhaltung allen Betens: der Demut, was die Seele bei allem Beten tun muß, in welcher Körperhaltung es immer geschehen mag, das tut beim knienden Beten auch unser Leib: er macht sich klein; er sagt gleichsam: ‚O Gott, ich weiß, ich bin ein nichts vor dir, ein armer Sünder, erbarme dich meiner!'" So schrieb 1952 einer der Architekten der liturgischen Erneuerung, Balthasar Fischer.

Mit diesen Worten des Liturgiewissenschaftlers sind wir genau beim Tagesevangelium: der Aussätzige fällt auf die Knie; sein Gebet, seine Bitte bestimmt seine Körperhaltung; tatsächlich liegt hier eine Geste der Unterwerfung vor. Gegenüber dieser Unterwerfungsgeste wird die absolute Souveränität des Willens Jesu („wenn du willst") betont, ja, diese Anerkennung der absoluten Souveränität des Willens Jesu hat den entscheidenden Willensakt Jesu zur Folge, der die Heilung bewirkt („ich will es").

Jesus steht über der Natur- und der Gesetzesordnung, aber er steht nicht gegen diese Ordnungen. Deshalb schickt er den Geheilten in das vom Gesetz vorgeschriebene Anerkennungsverfahren mit allen Formalitäten.

Absoluter Wille, Unterwerfung, Niederwerfung, Demut, Knien – ist das nicht eine „Schreckensvision"? Sind das nicht Begriffe, die man nur mit „Schaudern" lesen kann? „Was für ein Gottesbild wird uns hier vor Augen gestellt?" So wird kritisch gefragt. Die Antwort ist ganz einfach: Jesus ist eben nicht der gute Kumpel, der Wegbegleiter in die Beliebigkeit. Gott verlangt Unterwerfung! „Dein Wille geschehe", beten wir und sollten diese Worte auch ernst nehmen. Immer ist der ganze Mensch angesprochen. Gebet kann, darf, soll und muß sich deswegen auch in der Körperhaltung ausdrücken. Deswegen gibt es ja auch kirchliche Anordnungen für die liturgischen Körperhaltungen.

In der bayerischen Armee galt das Kommando nur von 1838–1845, für unser Leben und unseren Gottesdienst bleibt es auf immer gültig: „Aufs Knie!" Der berühmte Kniebeugeerlaß König Ludwigs I. hatte keinen Bestand. Bestand aber hat das Beispiel des knienden Aussätzigen, Bestand hat das Beispiel des knienden Stephanus, Bestand hat das Beispiel des knienden Jesus selbst. Da, wo das Knien be- und verhindert wird, da beginnt die Religion der „steifen Knie". Der „deutsche Jungmann steht vor seinem Herrgott" hieß es in den 30er

Jahren, und wer heute nicht knien will, denkt oft genug, er könne auf gleicher Augenhöhe mit Gott verhandeln. Luzifer dachte ähnlich, die Folgen sind bekannt, deswegen gilt: „Aufs Knie!"

Monster und Heuschrecken

Mt 9,9–13

9 Als Jesus weiterging, sah er einen Mann namens Matthäus am Zoll sitzen und sagte zu ihm: Folge mir nach! Da stand Matthäus auf und folgte ihm.
10 Und als Jesus in seinem Haus beim Essen war, kamen viele Zöllner und Sünder und aßen zusammen mit ihm und seinen Jüngern.
11 Als die Pharisäer das sahen, sagten sie zu seinen Jüngern: Wie kann euer Meister zusammen mit Zöllnern und Sündern essen?
12 Er hörte es und sagte: Nicht die Gesunden brauchen den Arzt, sondern die Kranken.
13 Darum lernt, was es heißt: Barmherzigkeit will ich, nicht Opfer. Denn ich bin gekommen, um die Sünder zu rufen, nicht die Gerechten.

Privatisierung und Globalisierung bilden das Biotop, in dem „Monster“ und „Heuschrekken“ prächtig gedeihen, das ist skandalös und ärgerlich, aber schon im Römischen Reich gab es diese Probleme, damals waren sogar die Steuern privatisiert: Man konnte – gegen Vorkasse – ganze Steuerbezirke pachten, sie unterteilen und weiterverpachten. Der Staat hatte so Planungssicherheit bzgl. der Einnahmen. Noch heute ist die Schätzung des Steueraufkommens eine hochkomplizierte Angelegenheit, und viele große und kleine „Finanzdienstleister", wie man sie heute freundlich nennen würden, verdienten damals kräftig. Sie holten natürlich aus ihrem gepachteten Steuerbezirk mehr heraus, als sie investiert hatten, aber darin lag ja gerade der Reiz dieses Systems. „Monster" und „Heuschrecken" hatten zur Zeit Jesu in Palästina ein sehr konkretes Gesicht: Das Gesicht des „Zöllners", des Steuerpächters. In seiner Person bündelten sich der Druck des großen Römischen Reiches und die Tyrannei des Herodes Antipas. Steuerpächter bildeten das finanzielle Rückgrat eines Systems der Unterdrückung und Unfreiheit des jüdischen Volkes. Die Abneigung, ja der Haß, der diesen Kollaborateuren entgegenschlug, war also verständlich und sicherlich auch nicht unberechtigt. Auf ein solches „Monster", auf eine solche „Heuschrecke" geht Jesus nun zu und sagt: „Folge mir nach". Dann läßt er sich auch noch in seinem Haus fürstlich bewirten, natürlich im Kreis von weiteren „Monstern" und „Heuschrecken".

Jesus redet nicht nur mit einem Vertreter eines ungerechten Steuersystems, sondern er feiert auch noch mit diesem und seinen Kollegen. Das bringt die Pharisäer auf die Palme. Und sie machen den Jüngern Jesu Vorwürfe. Jesus selbst greift diese Vorwürfe auf, und jetzt wird es richtig spannend. Die Antwort Jesu hat es in sich: Zuerst greift er eine allgemeine sprichwörtliche Redewendung, die man zum Beispiel auch bei dem griechischen Philosophen Diogenes findet, auf und stellt fest: „Nicht die Gesunden brauchen den Arzt, sondern die Kranken." Aber er macht noch weiter, ausgerechnet den Pharisäern, den Schriftgelehrten schlechthin sagt er: „Gehet hin und lernt" (6,33a unserer Einheitsübersetzung ist hier nicht ganz exakt), damit benützt er einen „rabbinischen Schulausdruck" und sagt diesen Gelehrten, die so stolz auf ihre Gelehrsamkeit sind, lernt endlich mal beim Propheten Hosea (6,6). Dieses Zitat hat es Jesus überhaupt angetan, er benutzt es gegenüber den Pharisäern später noch einmal (Mt 12,7; vgl. 23,23). Ein Sprichwort, ein Prophetenwort und dann die Zusammenfassung in einem hoheitsvollen „denn ich bin gekommen". Eine Botschaft, die über zweitausend Jahre nichts von ihrer Aktualität verloren hat. Sünder werden nicht dadurch bekehrt, daß man die Sünde leugnet, genauso wenig, wie ein Kranker dadurch geheilt wird, daß man seine Krankheit wegdefiniert. Erkenntnis des Zustandes ist Voraussetzung für die heilende Nachfolge. Barmherzigkeit ist die richtige Reaktion auf den Sünder, nicht auf die Sünde. Wir alle tun uns leicht, „Monster" und „Heuschrecken" zu verurteilen, was aber tun wir zu ihrer Heilung? Barmherzigkeit gegenüber dem Sünder wird von uns verlangt! Wie reagieren wir auf Fehlverhalten in unserer Umgebung? Hätten wir den Mut, uns mit „Monstern“ und „Heuschrecken“ sehen zu lassen? Hätten wir den Mut, uns mit Menschen, die Träger eines ungerechten Systems sind, fotografieren zu lassen?

Jesus schöpft aus dem Propheten und weist so die Schriftgelehrten mit ihren eigenen Waffen zurück. Er benützt eine sprichwörtliche Wendung, die die Vernünftigkeit seines Handelns zeigt. Mit anderen Worten: Jesus lehrt hier auch an einem ganz konkreten Beispiel das Zusammenspiel von Vernunft und Glaube, von gesundem Menschenverstand und prophetischer Weisheit. Er macht keine Kompromisse in der Sache, was ihn zur Barmherzigkeit befähigt, und läßt die gelehrten Religionsdiener seiner Zeit ironisch abblitzen. Eine wunderschöne Geschichte, wir müssen sie nur richtig lesen.

Asphaltmenschen im Psychotest

Mt 13,1–23

1 An jenem Tag verließ Jesus das Haus und setzte sich
an das Ufer des Sees.
2 Da versammelte sich eine große Menschenmenge
um ihn. Er stieg deshalb in ein Boot und setzte sich; die
Leute aber standen am Ufer.
3 Und er sprach lange zu ihnen in Form von Gleichnis-
sen. Er sagte: Ein Sämann ging aufs Feld, um zu säen.
4 Als er säte, fiel ein Teil der Körner auf den Weg und
die Vögel kamen und fraßen sie.
5 Ein anderer Teil fiel auf felsigen Boden, wo es nur
wenig Erde gab, und ging sofort auf, weil das Erdreich
nicht tief war;
6 als aber die Sonne hochstieg, wurde die Saat ver-
sengt und verdorrte, weil sie keine Wurzeln hatte.
7 Wieder ein anderer Teil fiel in die Dornen, und die
Dornen wuchsen und erstickten die Saat.
8 Ein anderer Teil schließlich fiel auf guten Boden und
brachte Frucht, teils hundertfach, teils sechzigfach, teils
dreißigfach.
9 Wer Ohren hat, der höre!
10 Da kamen die Jünger zu ihm und sagten: Warum
redest du zu ihnen in Gleichnissen?

11 Er antwortete: Euch ist es gegeben, die Geheimnisse des Himmelreichs zu erkennen; ihnen aber ist es nicht gegeben.
12 Denn wer hat, dem wird gegeben, und er wird im Überfluß haben; wer aber nicht hat, dem wird auch noch weggenommen, was er hat.
13 Deshalb rede ich zu ihnen in Gleichnissen, weil sie sehen und doch nicht sehen, weil sie hören und doch nicht hören und nichts verstehen.
14 An ihnen erfüllt sich die Weissagung Jesajas: Hören sollt ihr, hören, aber nicht verstehen; / sehen sollt ihr, sehen, aber nicht erkennen.
15 Denn das Herz dieses Volkes ist hart geworden / und mit ihren Ohren hören sie nur schwer / und ihre Augen halten sie geschlossen, / damit sie mit ihren Augen nicht sehen / und mit ihren Ohren nicht hören, / damit sie mit ihrem Herzen / nicht zur Einsicht kommen, / damit sie sich nicht bekehren und ich sie nicht heile.
16 Ihr aber seid selig, denn eure Augen sehen und eure Ohren hören.
17 Amen, ich sage euch: Viele Propheten und Gerechte haben sich danach gesehnt zu sehen, was ihr seht, und haben es nicht gesehen, und zu hören, was ihr hört, und haben es nicht gehört.
18 Hört also, was das Gleichnis vom Sämann bedeutet.
19 Immer wenn ein Mensch das Wort vom Reich hört und es nicht versteht, kommt der Böse und nimmt alles weg, was diesem Menschen ins Herz gesät wurde; hier ist der Samen auf den Weg gefallen.

20 Auf felsigen Boden ist der Samen bei dem gefallen,
der das Wort hört und sofort freudig aufnimmt,
21 aber keine Wurzeln hat, sondern unbeständig ist;
sobald er um des Wortes willen bedrängt oder verfolgt
wird, kommt er zu Fall.
22 In die Dornen ist der Samen bei dem gefallen, der
das Wort zwar hört, aber dann ersticken es die Sorgen
dieser Welt und der trügerische Reichtum, und es bringt
keine Frucht.
23 Auf guten Boden ist der Samen bei dem gesät, der
das Wort hört und es auch versteht; er bringt dann
Frucht, hundertfach oder sechzigfach oder dreißigfach.

Viele ganz normale Zeitungen und Zeitschriften, besonders häufig aber die „Trend"- und „Life-Style"-Magazine bieten regelmäßig einen Psychotest an. Da kann man dann erfahren welcher „Eß"-, „Sport"-, „Sozial"- oder anderer Typ man ist. Jede Woche aufs neue!

Unser Tagesevangelium läßt sich mühelos in einen solchen Test umsetzen, sozusagen den ultimativen biblischen Psychotest, denn dem Text aus dem Matthäusevangelium geht es darum, „daß der Leser ihn sich als Spiegel vorhalten läßt, mit verschiedenen Handlungsmodellen konfrontiert wird, sich das Positive aneignet und es in seinem Leben im Tun umsetzt" (Hubert Frankenmoelle). In der Langfassung unseres Evangeliums erklärt Jesus selbst dieses Gleichnis (Vers 18–23). Stellen wir uns doch einfach den Worten Jesu und fragen: Welcher Typ von Christ bin ich? Hier das Typenangebot unseres Teagesevangeliums:

1. Typ „Der Asphaltmensch“: Hören alleine reicht nicht, man muß auch verstehen (wollen). Demjenigen, der nicht versteht oder verstehen will, werden auch die an sich guten Anlagen weggefressen werden, „wer aber nicht hat, dem wird auch noch weggenommen, was er hat“ (Vers 12b).

2. Typ „Der Konventionschrist und Augenblicksmensch“: Das Strohfeuer, die Augenblicksbegeisterung des Glaubens kennt jeder, ein solcher Glaube ist buchstäblich wurzel- und grundlos. „Event-Hopperei“ ist eben im letzten doch nur Selbstzweck. Sobald Schwierigkeiten oder sogar Nachteile aus dem Glauben entstehen (könnten), ist es damit zu Ende.

3. Typ „Der Unverbindliche“: Der Same geht auf, aber die Sorgen, Nöte und wohl auch die Erfolge des Alltags schnüren dem Glauben die Luft ab. Der Glaube prägt nicht den Alltag, sondern der Alltag den Glauben. Damit wird es ein Glaube ohne Frucht, ein Glaube, der unverbindlich bleibt nach dem Motto „anything goes“.

4. Typ „Der Renditetyp mit langem Atem“: Im Dreischritt von hören, verstehen und fruchtbringen vollzieht sich der Glaube. Frucht ist immer auch konkrete Alltagsprägung, die im letzten als bereichernd erfahren wird. Das Wachstum verlangt Geduld, auch mit sich selbst, eben den langen Atem. Dafür wird dann aber auch eine

großartige „Glaubensdividende“ garantiert. Wer auf diese Dividende setzt, erhält die einzig sichere Rendite. Eine Rendite, die weder von Steuern noch von Heuschrecken weggefressen werden kann.

Die Auswertung bleibt Ihnen überlassen, seien Sie ehrlich mit sich! Die Lektüre des Evangeliums kann zum „turning point“ (Jack Dean Kingsbury) unseres Alltags werden, jede Woche!

Übrigens, früher hätte man ganz einfach gesagt, der Beichtspiegel und eine gute Beichte sind der Wendepunkt im Leben. Die Sprachmoden ändern sich, die Fragen aber bleiben: Welcher Typ von Christ bin ich? Welcher Typ will ich sein? Welcher Typ soll ich sein? Ob Beichtspiegel oder biblischer Psychotest, ob Wendepunkt oder „turning point“ – ziehen Sie Bilanz und bringen Sie mehr Frucht, es geht! Garantiert!

Fragebogen für den Himmel

Lk 10,25–37

25 Da stand ein Gesetzeslehrer auf, und um Jesus auf
die Probe zu stellen, fragte er ihn: Meister, was muß ich
tun, um das ewige Leben zu gewinnen?
26 Jesus sagte zu ihm: Was steht im Gesetz? Was liest
du dort?
27 Er antwortete: Du sollst den Herrn, deinen Gott,
lieben mit ganzem Herzen und ganzer Seele, mit all
deiner Kraft und all deinen Gedanken, und: Deinen
Nächsten sollst du lieben wie dich selbst.
28 Jesus sagte zu ihm: Du hast richtig geantwortet.
Handle danach, und du wirst leben.
29 Der Gesetzeslehrer wollte seine Frage rechtfertigen
und sagte zu Jesus: Und wer ist mein Nächster?
30 Darauf antwortete ihm Jesus: Ein Mann ging von
Jerusalem nach Jericho hinab und wurde von Räubern
überfallen. Sie plünderten ihn aus und schlugen ihn nie-
der; dann gingen sie weg und ließen ihn halbtot liegen.
31 Zufällig kam ein Priester denselben Weg herab; er
sah ihn und ging weiter.
32 Auch ein Levit kam zu der Stelle; er sah ihn und ging
weiter.
33 Dann kam ein Mann aus Samarien, der auf der Rei-
se war. Als er ihn sah, hatte er Mitleid,

34 *ging zu ihm hin, goß Öl und Wein auf seine Wun-*
den und verband sie. Dann hob er ihn auf sein Reittier,
brachte ihn zu einer Herberge und sorgte für ihn.
35 *Am andern Morgen holte er zwei Denare hervor,*
gab sie dem Wirt und sagte: Sorge für ihn, und wenn du
mehr für ihn brauchst, werde ich es dir bezahlen, wenn
ich wiederkomme.
36 *Was meinst du: Wer von diesen dreien hat sich als*
der Nächste dessen erwiesen, der von den Räubern
überfallen wurde?
37 *Der Gesetzeslehrer antwortete: Der, der barmherzig*
an ihm gehandelt hat. Da sagte Jesus zu ihm: Dann geh
und handle genauso!

In vielen Zeitschriften gehört er zum festen Programm, der Fragebogen, den Prominente ausfüllen sollen. Kurze Fragen, kurze Antworten, am besten ein Wort, allenfalls ein Satz. Natürlich ist das Ziel dann erreicht, wenn sich bei diesen Antworten ein Prominenter in irgendeiner Form blamiert. Auch in Interviews geht es um Frage und Antwort. Einige Zeitungen sind geradezu berühmt wegen ihrer aggressiven Interviewfragen, das Interview soll zur Falle werden. Dabei verraten die Fragen über den Fragenden auch schon eine ganze Menge. Auch in unserem Evangelium geht es um ein solches Interview: Ein Gesetzeslehrer will Jesus „eine Falle stellen". Aber seine Frage zielt trotzdem auf das Entscheidende: „Was muß ich tun, um das ewige Leben zu gewinnen?"

Es geht ihm also nicht um irgendetwas, sondern tatsächlich um den Kern unserer menschlichen Hoffnung, um das, nach dem wir uns alle ausrichten. Der Gesetzeslehrer dürfte natürlich das ganze jüdische Gesetz mit seinen 613 Einzelgesetzen, davon 248 Gebote des Handelns und 365 Gebote des Nicht-Handelns, kennen. Deswegen antwortet Jesus mit einem Verweis auf das Gesetz. Der Pharisäer zitiert dann das Gesetz (Dtn 6,4–5); diesen Text betete jeder männliche Jude zur Zeit Jesu morgens und abends, er war also allgemein bekannt. Und, Jesus lobt die Antwort des Gesetzeslehrers: „Du hast gut geantwortet, du hast ganz recht, handle danach, und du wirst leben".

Über dem ganzen liegt ein Hauch von Ironie: Jesus vertauscht die Rollen, aus dem Befragten wird der Fragensteller, der dem fragenden Pharisäer seine Grenzen und die Grenzen seines Gesetzes aufzeigt, denn offensichtlich reicht das Gesetz nicht, es muß spezifiziert werden: „Wer ist denn mein Nächster?" Und darauf antwortet Jesus nun nicht mit langwierigen Überlegungen, sondern mit einem schlichten Gleichnis. Und dieses Gleichnis sollten wir ebenso schlicht in unser Leben übersetzen. Welche Rolle in diesem Gleichnis könnten wir übernehmen? Der Mann, der unter die Räuber geriet, der Priester, der vorbeiging, wohl auch um durch die Berührung mit dem Blut nicht unrein zu werden, der Levit, der aus den gleichen Gründen sich nicht zur Hilfe entschließt, oder der Mann aus Samaria, wer bin ich?

Wenn wir uns also fragen, wo ist unser Ort in diesem Gleichnis, haben wir die Botschaft Jesu schon ein Stück weit umgesetzt. Wir haben uns geprüft und stellen fest, daß wir vielleicht doch nicht unserem eigenen Ideal so entsprechen, wie wir sollten. Der entscheidende Punkt ist nämlich die Barmherzigkeit. Welche Rolle spielt sie in unserem Leben? Wann waren wir zuletzt barmherzig, zu wem? Sind wir barmherzig genug, nicht nur im großen und ganzen, wenn es um die Weltprobleme, die „böse" Globalisierung, den Klimaschutz oder ähnliches geht, sondern: wann sind wir in den konkreten Einzelfällen unseres Alltagslebens barmherzig? Die Barmherzigkeit des Denkens und des Handelns sollte unser Leben wesentlich mitbestimmen. Zu uns ist der Satz gesagt: „Geh hin und handle genauso!" Im Fragebogen unseres Lebens stehen die Fragen:

Denken Sie an das ewige Leben?
Was sind die wichtigsten Gebote?
Wann waren Sie zuletzt barmherzig?

Drei Fragen im Fragebogen unseres Lebens; drei Fragen, von deren Antwort buchstäblich alles für uns abhängt.

Reif für die Insel!

Mk 6,30–34

30 Die Apostel versammelten sich wieder bei Jesus und berichteten ihm alles, was sie getan und gelehrt hatten.
31 Da sagte er zu ihnen: Kommt mit an einen einsamen Ort, wo wir allein sind, und ruht ein wenig aus. Denn sie fanden nicht einmal Zeit zum Essen, so zahlreich waren die Leute, die kamen und gingen.
32 Sie fuhren also mit dem Boot in eine einsame Gegend, um allein zu sein.
33 Aber man sah sie abfahren, und viele erfuhren davon; sie liefen zu Fuß aus allen Städten dorthin und kamen noch vor ihnen an.
34 Als er ausstieg und die vielen Menschen sah, hatte er Mitleid mit ihnen; denn sie waren wie Schafe, die keinen Hirten haben. Und er lehrte sie lange.

Was für Wochen liegen oft hinter uns, wenn die Sommerferien beginnen! Im Jahr 2006 kam dann beispielsweise zu dem üblichen beruflichen und familiären Streß noch die an- und abschwellende Gefühlswelle der Fußballweltmeisterschaft dazu, die angesagten Zeitgeistgurus würden hier vielleicht sogar vom „Eu-Streß", also positivem Streß sprechen; entschieden weniger positiv wurde jedenfalls in Süddeutschland wohl der Streß um den „Problembären“ Bruno (und sein Ende) von vielen empfunden. Die wirklich wichtigen Angelegenheiten, zum Beispiel Steuererhöhungen, Gesundheitsreform, Arbeitsplatzvernichtung bereiteten weniger Streß, denn sie wurden einfach nicht wahrgenommen: Die Klinsmänner und der „Problembär“ hatten das menschliche Streßreservoir weitgehend ausgeschöpft. Streß und Hektik führen zur Blickverengung in unserem Leben und auf unser Leben. Und dann sind wir wirklich „reif für die Insel“.

Die Apostel kommen in diesem Evangelium von ihrer ersten, anstrengenden Missionsreise zu Jesus zurück (Mk 6,7). Jesus hört ihren Bericht, sieht ihre gestreßten Mienen und sagt: „Ruht ein wenig aus!“ (Mk 6,31), und er gibt auch gleich das Urlaubsziel an, nämlich einen einsamen Ort. Das griechische und lateinische Wort ist an dieser Stelle sehr drastisch, es spricht nämlich von einem „wüsten Ort“. Dieses „wüst“ zeigt tatsächlich, worum es bei dem Urlaub der Jünger gehen soll: Die Jünger werden nicht auf die „events“ einer Spaßgesellschaft geschickt, sie werden nicht vom Streß ihrer Missionsreise in einen Urlaubsstreß gehetzt, sondern der Inhalt dieses Urlaubs soll in der „störungsfreien“ Gegenwart des Herrn bestehen.

Am Ferienziel angekommen finden Jesus und die Jünger schon wieder jede Menge Arbeit vor, und der Herr hatte dann auch sofort Mitleid mit den Menschen und „er lehrte sie lange" (Mk, 6,34).

Trotzdem dürfen wir annehmen, daß die Apostel zu ihrem „Urlaub" gekommen sind. Das Wort Jesu: „Ruht ein wenig aus!", zeigt, daß Hektik und Streß, wenn auch häufig unvermeidlich, nicht (immer) Zeichen göttlicher Betriebsamkeit sind. Nur in seiner Gegenwart findet man vielmehr die wahre Ruhe. Seine Gegenwart besiegt allen Streß und alle Hektik. Gott, den die Philosophen gerne als den „unbewegten Beweger" schildern, ist selbst Ziel und Garant ewiger Ruhe.

Es gibt keinen Urlaub von Gott oder ohne Gott; echten Urlaub, wirkliche Ruhe und Entspannung gibt es nur in und mit Gott! Deshalb gehört zum streßfreien Urlaub die „störungsfreie" Gegenwart Gottes. Ein Urlaubstip: Leisten Sie sich die Anbetung! Urlaub bedeutet auch: die Gegenwart Gottes genießen. Zeit für ihn haben, vor dem Tabernakel, in seiner Gegenwart ganz bewußt innehalten und innere Ruhe finden! So wird die „Insel" nicht zum Freizeitstreß für Problemfälle, sondern gibt neue Kraft zur Bewältigung des Alltagsstresses!

Kein Picknick

Mt 14,13–21

*13 Als Jesus all das hörte, fuhr er mit dem Boot in eine ein-
same Gegend, um allein zu sein. Aber die Leute in den Städ-
ten hörten davon und gingen ihm zu Fuß nach.
14 Als er ausstieg und die vielen Menschen sah, hatte er
Mitleid mit ihnen und heilte die Kranken, die bei ihnen wa-
ren.
15 Als es Abend wurde, kamen die Jünger zu ihm und sag-
ten: Der Ort ist abgelegen, und es ist schon spät geworden.
Schick doch die Menschen weg, damit sie in die Dörfer ge-
hen und sich etwas zu essen kaufen können.
16 Jesus antwortete: Sie brauchen nicht wegzugehen. Gebt
ihr ihnen zu essen!
17 Sie sagten zu ihm: Wir haben nur fünf Brote und zwei
Fische bei uns.
18 Darauf antwortete er: Bringt sie her!
19 Dann ordnete er an, die Leute sollten sich ins Gras set-
zen. Und er nahm die fünf Brote und die zwei Fische, blickte
zum Himmel auf, sprach den Lobpreis, brach die Brote und
gab sie den Jüngern; die Jünger aber gaben sie den Leuten,
20 und alle aßen und wurden satt. Als die Jünger die übrig-
gebliebenen Brotstücke einsammelten, wurden zwölf Körbe
voll.
21 Es waren etwa fünftausend Männer, die an dem Mahl
teilnahmen, dazu noch Frauen und Kinder.*

Pessimismus und Optimismus, Selbstüberschätzung und Angstgefühle durch Überforderungen haben immer auch mit Realitätsverlust zu tun. Wir kennen das, und wir leiden auch oft unter dem Realitätsverlust unserer Mitmenschen, aber auch unter unserem eigenen. Da setzt das Tagesevangelium an. Lesen wir es im Kontext unserer Wirklichkeit.

Es fängt gar nicht gut an. Die Ermordung Johannes des Täufers läßt es ratsam erscheinen, daß Jesus den Herrschaftsbereich des Herodes Antipas verläßt, aber Jesus sucht auch die Einsamkeit, die betende Reflexion über den Tod des Johannes. Ist dieser Tod doch das Signal für seine Leidensgeschichte! Jesus will sich in die Einsamkeit zurückziehen, aber er wird sofort mit der Realität der Menschen konfrontiert. Seine Reaktion ist Mitleid. Kenntnis der Wirklichkeit wird zum „Mit-Leiden" dieser Wirklichkeit, daraus erwächst dann buchstäblich Heilung.

Jetzt wird Jesus wieder mit der Realität konfrontiert: Die vielen Menschen müssen ja mit Nahrung versorgt werden, wie die Jünger nachdrücklich feststellen. Ihr Realismus ist sachlich, nüchtern und vernünftig. Darauf reagiert Jesus nun ganz anders als erwartet, nämlich mit der Aufforderung an die Jünger: „Gebt ihr ihnen zu essen!" Jetzt fühlen sich die Jünger – verständlich – total überfordert. Sie haben doch nur fünf Brote und zwei Fische. Die Jünger wissen genau, wie wenig sie haben und weisen den Herrn darauf hin. Trotzdem: sie gehorchen und bringen das wenige, was sie haben. Jesus taucht ins Gebet, er blickt zum Himmel, spricht den Lobpreis, bricht die Brote und reicht sie seinen Jüngern. Hier werden nun „Erinnerungen an die Zukunft" geweckt: Der Abendmahlssaal, das Geschehen in Emmaus, die nachösterlichen Begegnungen mit der Realität des Auferstandenen! Die Jünger verteilen die Brote. Unter ihren Händen wird das Wunder erst greifbare Wirklichkeit. Jesus wirkt dieses Wunder mit dem wenigen, das sie gebracht haben, durch sie. Hier wird schon etwas von der Realität des Amtes in seiner Gemeinschaft, der Kirche, deutlich. Die Jünger erleben leibhaftig, wie ihr Realismus durch den Realismus des Herrn überboten wird.

Vielleicht erinnern sich die Jünger ja beim Austeilen an den nie versiegenden Öltopf der Witwe von Zarephta (1 Kön 14–16) oder an die Brotvermehrung bei Elischa, dem Schüler und Nachfolger des großen Elias (2 Kön 4,42–44). Jedenfalls erleben sie hier unter ihren eigenen Händen ähnliches, aber ungleich mehr. Sie dürfen „Ähnlichkeit und Überbietung" (Klaus Berger) als konkrete Wirklichkeit erleben. Der Hinweis auf die übriggebliebenen Brotstücke zeigt nicht nur die Realität des Wunders, ist nicht nur Mahnung zum sorgfältigen Umgang mit Nahrungsresten, sondern läßt schon darüber hinaus eine ganz andere

Wirklichkeit aufleuchten: die wirkliche Gegenwart unseres Herrn Jesus Christus in der Eucharistie, die „Real-Präsenz“. Die Brotvermehrung ist weder Armenspeisung noch Familienpicknick, sondern Einbruch der göttlichen Realität in die begrenzte Wirklichkeit unseres Alltags. Das ist kein fernes Geschehen, sondern auch heute Realität. Jedes Gebet vor dem Tabernakel kann so zur „Realitätstherapie“ werden. Keine Angst vor der Realität Gottes, stellen wir uns ihr, auch vor dem Tabernakel, dann werden wir wirklich erfahren, daß uns nichts „von der Liebe Gottes, die in Christus Jesus ist“ (Röm 8,39), scheiden kann!

Sommerlektion mit Hausaufgabe

Joh 6,51–58

*51 Ich bin das lebendige Brot, das vom Himmel herab-
gekommen ist. Wer von diesem Brot ißt, wird in Ewigkeit
leben. Das Brot, das ich geben werde, ist mein Fleisch,
(ich gebe es hin) für das Leben der Welt.*
*52 Da stritten sich die Juden und sagten: Wie kann er
uns sein Fleisch zu essen geben?*
*53 Jesus sagte zu ihnen: Amen, amen, das sage ich euch:
Wenn ihr das Fleisch des Menschensohnes nicht eßt und
sein Blut nicht trinkt, habt ihr das Leben nicht in euch.*
*54 Wer mein Fleisch ißt und mein Blut trinkt, hat das
ewige Leben, und ich werde ihn auferwecken am Letz-
ten Tag.*
*55 Denn mein Fleisch ist wirklich eine Speise und mein
Blut ist wirklich ein Trank.*
*56 Wer mein Fleisch ißt und mein Blut trinkt, der bleibt
in mir und ich bleibe in ihm.*
*57 Wie mich der lebendige Vater gesandt hat und wie
ich durch den Vater lebe, so wird jeder, der mich ißt,
durch mich leben.*
*58 Dies ist das Brot, das vom Himmel herabgekommen
ist. Mit ihm ist es nicht wie mit dem Brot, das die Väter
gegessen haben; sie sind gestorben. Wer aber dieses Brot
ißt, wird leben in Ewigkeit.*

„Erschrecken" Sie auch? Spüren Sie „unerbittliche Härte" oder eine „Provokation, die schonungslos" ist? Haben Sie gerade „abstoßende Formulierungen" gehört? All diese Worte fallen, wenn gelehrte, aufgeklärte Berufsausleger der Heiligen Schrift sich mit diesem Evangelium beschäftigen. Ihr Erschrecken führt dann häufig genug zu einer „pastoralen Entschärfung" dieses so eindeutigen Evangeliums, damit der „moderne" Mensch irgendwie den vermeintlichen Zumutungen dieses Textes entrinnen kann. Tatsächlich ist die erste Ankündigung der Eucharistie durch unseren Herrn Jesus Christus von einer eindringlichen Eindeutigkeit: „Als Jesus zum ersten Mal diese Speise ankündigte, waren die Zuhörer erstaunt und verwirrt, und zwangen den Meister die objektive Wahrheit seiner Worte zu unterstreichen ... Es handelt sich nicht um eine Speise in einem bildhaften Sinn: ‚Mein Fleisch ist wirklich eine Speise, und mein Blut ist wirklich ein Trank' (Joh 6,55)." (Papst Johannes Paul II., Enzyklika „Ecclesia de Eucharistia", im folgenden „EE", hier Nr. 16).

Dieses 6. Kapitel des Johannesevangeliums hat es wirklich in sich: „Angesichts dieses Geheimnisses der Liebe wird die ganze Begrenztheit der menschlichen Vernunft erfahrbar" (EE, Nr. 15). Die Begrenztheit der menschlichen Vernunft erklärt das Unverständnis und die daraus entstehende Aggression der Zeitgenossen Jesu vor 2000 Jahren. In dieser Hinsicht waren die Zeitgenossen Jesu genauso „modern“ wie unsere Zeitgenossen, die heute ebenfalls erschrecken, sich provoziert und abgestoßen fühlen. Die Ankündigung der Eucharistie bedeutet nämlich auch die Ankündigung der wirklichen Gegenwart Christi: „Der Nachdruck, mit dem Joh 6 die Realpräsenz herausstellt, könnte wohl schwerlich überboten werden“ (Joseph Ratzinger)! Begrenztheit der menschlichen Vernunft vor dem Geheimnis des Opfers, des Opfermahls und der wirklichen Gegenwart Christi, ist das wirklich erschreckend, hart provokativ, ja abstoßend? Wenn wir so empfinden, dann sollten wir die „Schule“ wechseln: „Begeben wir uns ... in die Schule der Heiligen, der großen Interpreten der wahren eucharistischen Frömmigkeit. In ihnen erlangt die Theologie der Eucharistie den vollen Glanz gelebter Wirklichkeit, sie ‚steckt uns an‘, sie ‚entflammt‘ uns gewissermaßen“ (EE, Nr. 62).

Mag der Verstand seine Grenzen erfahren, „so erahnt doch das Herz, das von der Gnade des Heiligen Geistes erleuchtet ist, wie man sich davor verhalten und in Anbetung und grenzenloser Liebe darin versenken soll“ (EE, Nr. 62).

Die Schule der Heiligen brauchen wir alle, um die Eucharistie wirklich zu leben, denn sie ist, wie der hl. Ignatius von Antiochien schreibt, „Medizin der Unsterblichkeit, Gegengift gegen den Tod“ (Ep. ad. Eph. 20). Deswegen gilt: „Wer sich von Christus in der Eucharistie nährt, muß nicht das

Jenseits erwarten, um das ewige Leben zu erlangen: Er besitzt es schon auf Erden als Erstlingsgabe der künftigen Fülle, die den ganzen Menschen betreffen wird. In der Eucharistie empfangen wir tatsächlich auch die Garantie der leiblichen Auferstehung am Ende der Welt: „Wer mein Fleisch ißt und mein Blut trinkt, hat das ewige Leben und ich werde ihn auferwecken am Letzten Tag (Joh 6,54)", (EE, Nr. 18).

In der Schule der Heiligen können wir die Lektion dieses Evangeliums so lernen, wie Papst Johannes Paul II. es uns vorgelegt und vorgelebt hat. Aber fehlt da nicht noch etwas? Ja, die Hausaufgabe nach dieser Lektion in der Schule der Heiligen, sie lautet: Lesen oder singen Sie aus dem Gotteslob die Nr. 541 bis 547 wenigstens einmal!

So Ein Hundling!

Lk 16,1–13

1 Jesus sagte zu den Jüngern: Ein reicher Mann hatte
einen Verwalter. Diesen beschuldigte man bei ihm, er
verschleudere sein Vermögen.
2 Darauf ließ er ihn rufen und sagte zu ihm: Was höre
ich über dich? Leg Rechenschaft ab über deine Verwal-
tung! Du kannst nicht länger mein Verwalter sein.
3 Da überlegte der Verwalter: Mein Herr entzieht mir
die Verwaltung. Was soll ich jetzt tun? Zu schwerer Ar-
beit tauge ich nicht, und zu betteln schäme ich mich.
4 Doch – ich weiß, was ich tun muß, damit mich die
Leute in ihre Häuser aufnehmen, wenn ich als Verwal-
ter abgesetzt bin.
5 Und er ließ die Schuldner seines Herrn, einen nach
dem andern, zu sich kommen und fragte den ersten:
Wie viel bist du meinem Herrn schuldig?
6 Er antwortete: Hundert Faß Öl. Da sagte er zu ihm:
Nimm deinen Schuldschein, setz dich gleich hin und
schreib „fünfzig".
7 Dann fragte er einen andern: Wie viel bist du schul-
dig? Der antwortete: Hundert Sack Weizen. Da sag-
te er zu ihm: Nimm deinen Schuldschein und schreib
„achtzig".
8 Und der Herr lobte die Klugheit des unehrlichen
Verwalters und sagte: Die Kinder dieser Welt sind im

Umgang mit ihresgleichen klüger als die Kinder des Lichtes.
9 *Ich sage euch: Macht euch Freunde mit Hilfe des ungerechten Mammons, damit ihr in die ewigen Wohnungen aufgenommen werdet, wenn es (mit euch) zu Ende geht.*
10 *Wer in den kleinsten Dingen zuverlässig ist, der ist es auch in den großen, und wer bei den kleinsten Dingen Unrecht tut, der tut es auch bei den großen.*
11 *Wenn ihr im Umgang mit dem ungerechten Reichtum nicht zuverlässig gewesen seid, wer wird euch dann das wahre Gut anvertrauen?*
12 *Und wenn ihr im Umgang mit dem fremden Gut nicht zuverlässig gewesen seid, wer wird euch dann euer (wahres) Eigentum geben?*
13 *Kein Sklave kann zwei Herren dienen; er wird entweder den einen hassen und den andern lieben, oder er wird zu dem einen halten und den andern verachten. Ihr könnt nicht beiden dienen, Gott und dem Mammon.*

JEDEN TAG ERFAHREN wir aus Zeitung und Fernsehen einen neuen Fall von Wirtschaftskriminalität. Langwierige Prozesse um große Summen für wenig Leistung. Manager versagen und vertuschen ihr Versagen häufig genug mit einer geradezu erstaunlichen Phantasie und Kreativität, die auch hochspezialisierte Staatsanwälte lange in Atem halten. Müssen wir uns da auch noch am Sonntag in der Kirche anhören, wie ein Manager, der versagt hat, seine Zukunft auf Kosten des Unternehmens, das ihn nun feuern will, sichert? „Und der Herr lobte den ungerechten Verwalter, weil er klug gehandelt habe“ (Lk 16,8)!

Der griechische Urtext und auch die verbindliche lateinische (Neo-)Vulgata lesen hier „weil er klug gehandelt habe“, sie benützen nicht, wie unser deutscher Text, das Hauptwort „Klugheit“; das ist wichtig! Denn im ganzen neuen Testament kommt das Wort „klug“ als Umstandswort nur hier an dieser Stelle vor. Jesus sagt zwar einmal, daß seine Jünger klug wie die Schlangen sein sollen (Mt 10,16). Aber als Umstandswort ist es in unserem Evangelium einmalig, es ist der „Knackpunkt“.

An diesem Sonntag also nicht nur Wirtschaftskriminalität, sondern auch noch Grammatikunterricht? Eine schwer erträgliche Mischung, zugegeben, aber da hilft auch den „Nordlichtern“ eine in ganz Bayern verbreitete Redewendung weiter: „Ein Hund ist er schon ...“ oder kurz: „Hundling“! Damit wird eine gewisse Bewunderung für ein grenzwertiges, aber zielgerichtetes, phantasievolles, kreatives und erfolgreiches Verhalten ausgesprochen, wobei das Einverständnis damit ein bißchen in der Schwebe bleibt: Mit diesem Gleichnis aus dem Wirtschaftsleben will Jesus also schlicht sagen: „Die Bösen sorgen klüger und umsichtiger für das Zeitliche als die Guten für das Ewige“ (Leopold Fonk SJ). Ein protestantischer Schriftausleger unserer Tage hat es auf den Punkt gebracht: „Unsere Erfahrung bestätigt: So viel Unnüchternheit, Abseitigkeit, Schwärmerei und ausgesprochene Dummheit, wie sie sich Christen untereinander und im Verhältnis zur Welt leisten, lassen sich die ‚Kinder dieser Welt‘ nicht zu Schulden kommen. Sie wären sonst längst ausgestorben“ (Gerhard Maier)! Und damit stellt sich dann auch schon die Frage aller Fragen für unser Leben: Wie klug verhalten wir uns bei der Zukunftssicherung aus dem Glauben heraus? Wie viel Energie, Phantasie und Kreativität entwickeln wir, wenn es um unsere „ewigen Wohnungen“ und die echten Freunde für die Ewigkeit geht? Sind wir auf irdischen Besitz exklusiv fixiert? Sind wir „Lohnsklaven“, die auf zwei Schultern tragen, weil wir zwei Herren dienen wollen?

Zuverlässigkeit im Kleinen, Eindeutigkeit im Handeln, durch alle Zwänge des Alltags hindurch offen bleiben für die Sicherung der ewigen Wohnungen, mit Phantasie und Kreativität „im heute“ „das Morgen“ gestalten, kurz: klug handeln! Dann könnte ja auch für uns das Lob des Herrn gelten: „So ein Hundling!“

„Dirndlgate“ im Evangelium!

Mt 22,1–14

1 Jesus erzählte ihnen noch ein anderes Gleichnis:
2 Mit dem Himmelreich ist es wie mit einem König, der
die Hochzeit seines Sohnes vorbereitete.
3 Er schickte seine Diener, um die eingeladenen Gäste zur
Hochzeit rufen zu lassen. Sie aber wollten nicht kommen.
4 Da schickte er noch einmal Diener und trug ihnen auf:
Sagt den Eingeladenen: Mein Mahl ist fertig, die Och-
sen und das Mastvieh sind geschlachtet, alles ist bereit.
Kommt zur Hochzeit!
5 Sie aber kümmerten sich nicht darum, sondern der eine
ging auf seinen Acker, der andere in seinen Laden,
6 wieder andere fielen über seine Diener her, mißhandel-
ten sie und brachten sie um.
7 Da wurde der König zornig; er schickte sein Heer, ließ
die Mörder töten und ihre Stadt in Schutt und Asche le-
gen.
8 Dann sagte er zu seinen Dienern: Das Hochzeitsmahl
ist vorbereitet, aber die Gäste waren es nicht wert (einge-
laden zu werden).
9 Geht also hinaus auf die Straßen und ladet alle, die ihr
trefft, zur Hochzeit ein.
10 Die Diener gingen auf die Straßen hinaus und holten
alle zusammen, die sie trafen, Böse und Gute, und der
Festsaal füllte sich mit Gästen.

11 *Als sie sich gesetzt hatten und der König eintrat, um sich die Gäste anzusehen, bemerkte er unter ihnen einen Mann, der kein Hochzeitsgewand anhatte.*
12 *Er sagte zu ihm: Mein Freund, wie konntest du hier ohne Hochzeitsgewand erscheinen? Darauf wußte der Mann nichts zu sagen.*
13 *Da befahl der König seinen Dienern: Bindet ihm Hände und Füße und werft ihn hinaus in die äußerste Finsternis! Dort wird er heulen und mit den Zähnen knirschen.*
14 *Denn viele sind gerufen, aber nur wenige auserwählt.*

WIR SCHREIBEN DAS Jahr 2008: Die bayerischen Wahlen sind gelaufen, das Oktoberfest auf der Münchner Theresienwiese ist vorbei, jetzt ist die Zeit, wo Wahlkämpfer und Festwirte die vergangenen Großereignisse analysieren und überlegen, wie es beim nächsten Mal (noch) besser werden könnte. Vielleicht stoßen die Ursachenforscher ja in diesem Zusammenhang auch auf ein Thema, das auf der „Wiesn", wie auch im Wahlkampf, heiß diskutiert wurde, nämlich die Frage, ob die Gattin eines bayerischen Regierungschefs bei der Wiesneröffnung Dirndl tragen muß oder nicht. Selbst eine große nicht-bayerische Zeitung, hinter der sich laut Eigenwerbung besonders die klugen Köpfe befinden sollen, sprach in diesem Zusammenhang von der „Instinktlosigkeit dieser Verweigerungsgeste". Auch wenn das „Dirndl-gate" zum Wahlergebnis nichts beigetragen haben sollte, sieht man an der Tatsache dieser Diskussion, wie wichtig Äußerlichkeiten sind und wie sehr Äußerlichkeiten Menschen bewegen. Denn Äußerlichkeiten sagen immer etwas aus, Äußerlichkeiten sind Signale: vom „Totenkopfdirndl“ bis zur klassischen Tracht; und auch wenn die Lederhose noch keinen Bayern macht, ist die demonstrative Verweigerung einer solchen auch ein Signal! Eine bedeutende bayerische Tagezeitung titelte: „Auf der Wiesn tobt ein Kulturkampf ums Dirndl“.

Vor diesem Hintergrund erhält das Evangelium des Tages eine ganz intensive Aktualität: Da ist jemand ohne Festkleidung auf einem Fest, um so schlimmer, wenn man bedenkt, daß das Alte Testament das Geschenk von Festtagskleidern kennt (z. B. Gen 45,22; Ri 14,12–13; 2 Kön 10,22; 4 Kön 5,22). Das fehlende Gewand wäre dann eine noch größere Provokation.

Martin Luther hat dieses Evangelium ein „schrecklich Evangelium“ genannt und damit den ganzen Ernst dieses Textes eindringlich vorgestellt. Da sind die zuerst und exklusiv Eingeladenen, ihre Reaktion auf die Einladung reicht von Gleichgültigkeit und sich Verlieren in Alltagsgeschäften bis zur aggressiven Ablehnung, all das kennen wir auch heute als Reaktion auf Verkündigung. Und auch die allgemeine Einladung an „Böse und Gute“ (Mt 22,10b) zeigt, daß die Botschaft nicht automatisch aus Bösen Gute macht, denn die demonstrative Verweigerung des (wohl geschenkten) Festtagskleides zeugt von einer sehr ernsten Verweigerungshaltung. Das Evangelium betont eindringlich die Willensfreiheit: „Sie aber wollten nicht kommen" (Mt 22,3). „Das weist uns erneut darauf hin, daß hier keine Vorherbestimmung (...) waltet, sondern die Betreffenden frei entscheiden" (Gerhard Maier). Der Mensch hat einen freien Willen – mit allen Risiken und Nebenwirkungen! Weder die Einladung noch die Annahme der Einladung reichen aus, vielmehr muß die Annahme der Einladung im Leben und damit auch nach außen sichtbar werden. Die freie Entscheidung zur Heilsverweigerung ruft erst die endgültige Reaktion des Einladenden hervor.

„Namenschristen", deren Glaube nur auf dem Papier steht, müssen sich sagen lassen, daß sie am falschen Ort sind und werden entfernt. Die ernsten, nachhaltigen Reaktionen des Einladenden auf die verschiedenen Verweigerungsgesten lassen diesen Text tatsächlich zum „schrecklich Evangelium" werden. Der Mensch ist frei und deswegen sind Verweigerungsgesten möglich, die direkt in den Abgrund führen. Aber ebenso gilt, wir sind frei, um in Freiheit der Einladung des Herrn folgen zu können. Unser freies „JA" muß im Alltag sichtbar werden. Den Glauben nicht verstecken, sondern das Gewand, das der Herr uns geschenkt hat, sichtbar tragen. Überprüfen wir unseren Alltag: sind wir uns unserer Freiheit bewußt, leben wir unseren Glauben sichtbar? Wo leisten wir uns instinktlose Verweigerungsgesten?

Das „schrecklich Evangelium" dieses Sonntags kann für uns zum Heil werden: Denn die Einladung steht ja, wir müssen ihr nur folgen, allerdings ernsthaft, mit allen Konsequenzen, das heißt den Glauben sichtbar werden lassen!

Gott sei Dank!

Lk 17,11–19

11 Auf dem Weg nach Jerusalem zog Jesus durch das
Grenzgebiet von Samarien und Galiläa.
12 Als er in ein Dorf hineingehen wollte, kamen ihm
zehn Aussätzige entgegen. Sie blieben in der Ferne stehen
13 und riefen: Jesus, Meister, hab Erbarmen mit uns!
14 Als er sie sah, sagte er zu ihnen: Geht, zeigt euch
den Priestern! Und während sie zu den Priestern gingen,
wurden sie rein.
15 Einer von ihnen aber kehrte um, als er sah, daß er
geheilt war; und er lobte Gott mit lauter Stimme.
16 Er warf sich vor den Füßen Jesu zu Boden und dank-
te ihm. Dieser Mann war aus Samarien.
17 Da sagte Jesus: Es sind doch alle zehn rein gewor-
den. Wo sind die übrigen neun?
18 Ist denn keiner umgekehrt, um Gott zu ehren, außer
diesem Fremden?
19 Und er sagte zu ihm: Steh auf und geh! Dein Glaube
hat dir geholfen.

Spätestens seit den mit dem Unwort „Hartz IV“ verknüpften Protesten und den endlosen Diskussionen um Kranken-, Arbeitslosen-, Rentenversicherungen und ähnlichem überbieten sich kluge Journalisten, Psychologen und auch Politiker mit tiefschürfenden Analysen der Widerstände, die für jedwede Reform zu überwinden sind. Die meisten dieser „Weisen" sehen vor allem einen Grund für den Widerstand gegen Reformen, nämlich das Anspruchsdenken. Und vor kurzem hat einer, der selbst in seinem Leben viele Ansprüche gestellt und viel mitgenommen hat, das Wort von der „Mitnahmementalität" in die Diskussion geworfen. Alle diese Analysen liegen sicherlich nicht falsch, aber ein Wort kommt dabei gar nicht vor, und dieses Wort ist vielleicht doch das Entscheidende: Dankbarkeit. Denn da, wo Ansprüche bestehen, erübrigt sich bei Erfüllung dieser Ansprüche jede Dankbarkeit. Anspruchsdenken und Dankbarkeit schließen sich aus, wer Ansprüche hat, braucht nicht dankbar zu sein.

Damit sind wir schon beim Evangelium. Die zehn Aussätzigen bitten um Heilung, sie tun das mit Worten, die an die klassischen Gebetsrufe der Psalmen erinnern. Jesus berührt sie nicht, er veranstaltet kein spektakuläres Wunder, sondern er fordert schlicht ihren Gehorsam, indem er sie zu den Priestern schickt. Sie sind die einzig legitime Autorität, die den Aussatz, bzw. die Heilung davon verbindlich diagnostizieren konnte und auch die strengen Quarantänevorschriften, die Aussätzige sozial völlig isolierten, aufheben konnte.

Im gläubigen Vertrauen folgen die Zehn dem Befehl Jesu, „und unterwegs wurden sie rein"! Und jetzt geschieht etwas Merkwürdiges, nämlich nichts, zumindest bei 90 Prozent der Geheilten, anscheinend haben sie „ihre Heilung als ein Recht verstanden, auf das sie gegenüber ihrem Messias Anspruch haben“ (Walter Grundmann). Wer Ansprüche stellt, nimmt die Erfüllung dieser Ansprüche ganz selbstverständlich mit. Anspruchsdenken und Mitnahmementalität machen Dankbarkeit überflüssig, es wurden ja nur Ansprüche erfüllt!

Einer der zehn Geheilten sieht das anders. Er ist ein Fremder, der eigentlich einen längeren Weg zum Glauben an den Messias hätte als die anderen. Vielleicht ist er aber auch deswegen vom Anspruchsdenken frei! Er kehrte zu Jesus zurück, warf sich vor ihm nieder und „dankte ihm“. Der griechische Text benutzt hier ein Wort, das wir alle schon gehört haben: „eucharistion“! Tatsächlich sprechen wir ganz selbstverständlich von der „Eucharistie“, die wir jeden Sonntag feiern, das heißt übersetzt: „Dank feiern“. Jeden Sonntag zu Jesus zurückkehren, sich vor ihm niederwerfen und danken: das ist „Eucharistie feiern“. Wenn der Gottesdienstbesuch zurückgeht, könnte das nicht vielleicht auch mit einer fehlenden Kultur der Dankbarkeit zu tun haben?

Die 90 Prozent, die den Weg zum Dank nicht finden, erinnern an das Wort des hl. Apostels Paulus: „Sie sind darum nicht zu entschuldigen, weil sie trotz ihrer Erkenntnis Gottes ihn nicht als Gott verherrlichten und ihm nicht dankten, sondern sie verfielen in ihren Gedanken auf Nichtigkeiten, und ihr unverständiges Herz wurde verfinstert" (Röm 1,20c–21). Diese Worte des großen Apostels treffen die 90 Prozent, die nicht zum Danken zurückkehren. Treffen sie auch uns?

Pflegen wir in unserem Leben eine Kultur der Dankbarkeit, die ihren selbstverständlichen Ausdruck auch in der sonntäglichen „Eucharistiefeier" findet? Hier hören wir: „Lasset uns danken dem Herrn, unserem Gott", und hier antworten wir: „Das ist würdig und recht". Leben wir diese Antwort in unserem Alltag? Nur wer sich zum Dank in Anbetung niederwirft, wird die Worte des Herrn vernehmen: „Steh auf und geh", ähnlich hören wir am Ende der Eucharistiefeier: „Gehet hin in Frieden", und wir antworten: „Dank sei Gott dem Herrn". Und dieser letzte Satz aus der Eucharistiefeier sollte unseren Alltag mehr bestimmen, dann könnten wir häufiger und bewußter auch „Gott sei Dank" sagen!

Ist Jesus politikverdrossen?

Mk 10,35–45

35 Da traten Jakobus und Johannes, die Söhne des Zebe-
däus, zu ihm und sagten: Meister, wir möchten, daß du
uns eine Bitte erfüllst.
36 Er antwortete: Was soll ich für euch tun?
37 Sie sagten zu ihm: Laß in deinem Reich einen von uns
rechts und den andern links neben dir sitzen.
38 Jesus erwiderte: Ihr wißt nicht, um was ihr bittet.
Könnt ihr den Kelch trinken, den ich trinke, oder die Taufe
auf euch nehmen, mit der ich getauft werde?
39 Sie antworteten: Wir können es. Da sagte Jesus zu
ihnen: Ihr werdet den Kelch trinken, den ich trinke, und
die Taufe empfangen, mit der ich getauft werde.
40 Doch den Platz zu meiner Rechten und zu meiner Lin-
ken habe nicht ich zu vergeben; dort werden die sitzen, für
die diese Plätze bestimmt sind.
41 Als die zehn anderen Jünger das hörten, wurden sie
sehr ärgerlich über Jakobus und Johannes.
42 Da rief Jesus sie zu sich und sagte: Ihr wißt, daß die,
die als Herrscher gelten, ihre Völker unterdrücken und die
Mächtigen ihre Macht über die Menschen mißbrauchen.
43 Bei euch aber soll es nicht so sein, sondern wer bei
euch groß sein will, der soll euer Diener sein,
44 und wer bei euch der Erste sein will, soll der Sklave
aller sein.

45 Denn auch der Menschensohn ist nicht gekommen, um sich dienen zu lassen, sondern um zu dienen und sein Leben hinzugeben als Lösegeld für viele.

POLITIKVERDROSSENHEIT NIMMT INZWISCHEN für jede freiheitlich-demokratische Grundordnung ein bedenkliches Ausmaß an. Tendenz steigend, wie alle Umfragen zeigen.

Die Ursachen dieser Verdrossenheit liegen im Mißtrauen gegenüber den „irdischen Herrschern". Jesus stellt in unserem Evangelium schlicht die Tatsache fest: „Ihr wißt, daß die irdischen Herrscher ihre Völker unterjochen und daß die Mächtigen ihre Macht über die Menschen mißbrauchen" (Mk 10,42). Eine allgemeine Feststellung, zeitlos gültig, durch Erfahrung immer wieder bestätigt!

Macht wird um ihrer selbst willen erstrebt. Politik wird oft nur noch als Gerangel um Pöstchen und Diäten, als Steuerschraubenmechanik und Dienstwagenfetischismus wahrgenommen. Und das alles in einer Sprache, die in wabbelnden Nebelwolken Wohlfühlillusionen erwecken und bedienen soll. Klarheit, Deutlichkeit, Mut zum Aussprechen auch unangenehmer Wahrheiten haben für die Politikerkasten aller Zeiten immer nur eher selten zur Grundausstattung ihrer Berufsausübung gehört. Jesus weiß das, und dagegen setzt er bewußt seine „Anti-Gesellschaft": die Kirche.

Es fängt mit der Klarheit an, Jakobus und Johannes kommen nicht gleich zur Sache, sie reden um den „heißen Brei“ herum. Jesus zwingt sie, deutlich zu sagen: „Ja, wir wollen zwei Spitzenposten“. Die beiden wollen „mit und neben Jesus die privilegierten Richter Israels sein“ (Rudolf Pesch).

Da macht Jesus ihnen die Richtung klar, die Richtung geht nämlich nicht auf hohe Posten, sondern auf Dienst im Leid, ja bis zum Tod. Auch dazu sind die beiden bereit, wenn es nur ihrer Karriere dient. Ein Versprechen mit schnellem Verfallsdatum, vier Kapitel später stellt Markus knapp fest: „Da verließen ihn alle und flohen“ (Mk 14,50).

Die beiden wußten tatsächlich nicht, um was sie baten. Wie vielen Karrieristen in Politik und Kirche geht es genauso? Die beiden Apostel haben die Wirklichkeit der Nachfolge auf die ganz harte Tour lernen müssen, ja lernen dürfen. Jesus nimmt den „apostolischen Karrierismus“ der beiden zum Anlaß, den zu Recht verärgerten anderen Aposteln zu zeigen, wie es in seiner Gesellschaft zugehen soll. Nicht wie in der Politik der Mächtigen: es geht um Dienst und dienen. Und der Maßstab dieses Dienstes ist Jesus selbst. Sein Opfer- und Sühnetod ist letztlich der Maßstab für jeden Dienst in seiner Kirche. Nur als Dienst zum Heil ist Machtausübung legitim, das heißt ganz konkret: im Dienen Verantwortung übernehmen bis zum Tod. Das genaue Gegenteil von der Politik, die Macht will, aber sorgfältig alles Unangenehme in gut organisierter Verantwortungslosigkeit aufgehen läßt. Überall, wo Diener Christi sich wie Politiker verhalten, wie Politiker reden, wo die Glaubenswahrheiten in organisierter Verantwortungslosigkeit weichgespült werden, da kommt es zur Kirchen- und Glaubensverdrossenheit.

Mit unserem Abschnitt aus dem Evangelium läßt sich natürlich prächtig Kritik an dem, was man gerne „Amts"-Kirche nennt, betreiben. Aber schon ein kurzer Blick ins 20. Jahrhundert zeigt uns etwas ganz anderes. Wohl noch nie in der Geschichte haben so viele Christen den Leidensbecher Christi trinken müssen, haben Verantwortung bis zum Tod übernommen. Das 20. Jahrhundert ist wirklich das „Jahrhundert der Märtyrer", wie der italienische Historiker Andrea Riccardi, der Gründer der Bewegung von St. Egidio, in seinem Buch „Salz der Erde, Licht der Welt" eindrucksvoll gezeigt hat. Kein Grund zur kirchlichen Selbstzufriedenheit, nein nur ein Grund mehr, kleinkarierte Kirchenkritik gelassener zu sehen. Und ein Grund mit den Worten Jesu bei uns selbst anzufangen: Wie üben wir denn in unserem Alltag die Macht, die wir haben, aus? Wie verkünden wir den Glauben im Alltag? Als Diener Christi oder als Sklaven der öffentlichen Meinung? Als „Kleinpolitiker", die der „political and clerical correctness“ verpflichtet sind? Sind wir bereit, in Verantwortung zu dienen? Mit allen Konsequenzen? Welche Rolle spielt Jesu Opfer- und Sühnetod in unserem Alltag? Fangen wir mit der Kritik bei uns an und nehmen wir Jesus als Maßstab!

Leiter oder Sarg

Lk 19,1–10

1 Dann kam er nach Jericho und ging durch die Stadt.
2 Dort wohnte ein Mann namens Zachäus; er war der
oberste Zollpächter und war sehr reich.
3 Er wollte gern sehen, wer dieser Jesus sei, doch die Men-
schenmenge versperrte ihm die Sicht; denn er war klein.
4 Darum lief er voraus und stieg auf einen Maulbeer-
feigenbaum, um Jesus zu sehen, der dort vorbeikommen
mußte.
5 Als Jesus an die Stelle kam, schaute er hinauf und sagte
zu ihm: Zachäus, komm schnell herunter! Denn ich muß
heute in deinem Haus zu Gast sein.
6 Da stieg er schnell herunter und nahm Jesus freudig bei
sich auf.
7 Als die Leute das sahen, empörten sie sich und sagten:
Er ist bei einem Sünder eingekehrt.
8 Zachäus aber wandte sich an den Herrn und sagte:
Herr, die Hälfte meines Vermögens will ich den Armen
geben, und wenn ich von jemand zu viel gefordert habe,
gebe ich ihm das Vierfache zurück.
9 Da sagte Jesus zu ihm: Heute ist diesem Haus das Heil
geschenkt worden, weil auch dieser Mann ein Sohn Abra-
hams ist.
10 Denn der Menschensohn ist gekommen, um zu suchen
und zu retten, was verloren ist.

Schuldenerlass für die „Dritte Welt", Pflege nachwachsender Rohstoffe, Wirtschaftsstandorte und Steuerpolitik, alles Themen, die uns aus den täglichen Nachrichten wohl bekannt sind, sie bezeichnen auch den Hintergrund, vor dem das Evangelium des Tages gelesen werden sollte.

Lucius Licinius Lucullus (ca. 117–57 v. Chr.) hatte einen faktischen Schuldenerlaß für die Provinz „Asia" und eine Steuerreform, die die schlimmste Ausbeutung verhindern sollte, in seinem Verantwortungsbereich eingeführt. Ausgerechnet der Mann, der als Feinschmecker – berühmt für seine Festmähler – noch heute im Fremdwort „lukullisch" allgegenwärtig, ist der Begründer einer Steuerreform, der Zachäus seinen Job und seinen Reichtum verdankt. Steuerfachleute wissen, wie schwierig die Steuerschätzung ist, dabei ist sie für staatliche Planungssicherheit entscheidend. Die Römer umgingen diese Schwierigkeit, indem sie die Steuer privatisierten und bestimmte Steuerbezirke an den Meistbietenden verpachteten. Der versuchte dann natürlich seinerseits einen möglichst großen Gewinn aus seinem Steuerbereich zu ziehen, was eben Lucullus wenigstens zu begrenzen suchte. Römische Bürger aus dem Ritterstand gründeten regelrechte Steuerpachtgesellschaften und unser „Oberzöllner" Zachäus dürfte wohl eine Art Geschäftsführer einer solchen Steuerpachtgesellschaft gewesen sein. Jericho, die Grenzstadt zu „Arabia", die mit ihrem Balsamölanlagen ein bedeutender Wirtschaftsstandort mit satten Gewinnen für viele war, ist der Ort unseres Evangeliums. In Jericho blüht nicht nur die Wirtschaft, sprudeln nicht nur die Steuereinnahmen, dort wächst auch der Maulbeerfeigenbaum, die „Sykomore", die einen Meter dick und 15 Meter hoch werden kann. Das Holz dieses Baumes ist leicht und geradezu unverwüstlich. Ideales Bauholz, auch die meisten ägyptischen Mumiensärge sind aus diesem Holz gearbeitet.

Steinreich, aber sozial isoliert und auch noch kleinwüchsig – Zachäus hatte keine Chance, die Menschenmenge, die Jesus umgab, zu durchdringen. Aber wenigstens einen Blick wollte er auf den berühmten Rabbi werfen, und er steigt auf einen Maulbeerfeigenbaum. Der Baum wird für ihn zur Leiter, jetzt kann er Jesus sehen und Jesus sieht ihn – und lädt sich bei ihm zum Essen ein, und Zachäus „nahm Jesus freudig bei sich auf"!

Natürlich empören sich die Leute: ausgerechnet bei diesem Vertreter der Besatzungsmacht, der mit Kollaboration viel Geld macht, kehrt Jesus ein. Jesus setzt sich über die allgemeine Stimmung souverän hinweg. Sie interessiert ihn schlicht nicht, ihn interessiert der Mann, der seine sozialen und physischen Benachteiligungen so engagiert überwunden hatte, nur um ihn zu sehen. Die Begegnung wird zur Bekehrung, und die Bekehrung hat finanzielle Folgen. Die Hälfte seines Vermögens verschenkt der Oberzöllner an die Armen. Falls er zuviel gefordert haben sollte, will er das Vierfache zurückzahlen, genau wie es vorgeschrieben war (Ex 21,37). Die Geschichte einer Bekehrung: die eigenen Schwächen überwinden, alles versuchen, um Jesus zu sehen, seiner Einladung folgen und daraus Konsequenzen für den Alltag des weiteren Lebens ziehen. Der Maulbeerfeigenbaum, die Sykomore, wird zur Leiter, die uns dem Herrn nahe bringen könnte, wenn wir denn nur aufsteigen würden! Haben wir wenigstens schon den Fuß auf die Leiter gesetzt, oder stehen wir mit beiden Füßen im Sarg unserer Alltagssorgen, -zwänge und -plausibilitäten? Das Holz der Leiter und das Holz des Sarges stammen vom gleichen Baum. Suchen wir in unserem Leben die Leiter zu Jesus, wagen wir den Aufstieg, oder resignieren wir im Sarg als Mumien unserer Selbstzufriedenheit! Leiter oder Sarg? Lebendiges Holz der Leiter oder totes Holz des Sarges, das ist die Frage, die uns von nun an begleiten sollte. Wenn wir in den Nachrichten von Schuldenerlaß, von nachwachsenden Rohstoffen, von Wirtschaftsstandorten, Steuerpolitik und Steuerreform, die auch im besten Fall kaum „lukullisch" sein dürfte, lesen, dann sollte uns Zachäus einfallen, der Geschäftsführer der Steuerpachtgesellschaft, dann sollte uns das Holz des Maulbeerfeigenbaums einfallen und uns an die Alternative erinnern: Leiter oder Sarg? Wir haben die Wahl!

„Apocalypse Now“

Lk 21,5–19

*5 Als einige darüber sprachen, daß der Tempel mit
schönen Steinen und Weihegeschenken geschmückt sei,
sagte Jesus:
6 Es wird eine Zeit kommen, da wird von allem, was ihr
hier seht, kein Stein auf dem andern bleiben; alles wird
niedergerissen werden.
7 Sie fragten ihn: Meister, wann wird das geschehen
und an welchem Zeichen wird man erkennen, daß es
beginnt?
8 Er antwortete: Gebt acht, daß man euch nicht irre-
führt! Denn viele werden unter meinem Namen auftre-
ten und sagen: Ich bin es!, und: Die Zeit ist da. – Lauft
ihnen nicht nach!
9 Und wenn ihr von Kriegen und Unruhen hört, laßt
euch dadurch nicht erschrecken! Denn das muß als er-
stes geschehen; aber das Ende kommt noch nicht sofort.
10 Dann sagte er zu ihnen: Ein Volk wird sich gegen das
andere erheben und ein Reich gegen das andere.
11 Es wird gewaltige Erdbeben und an vielen Orten
Seuchen und Hungersnöte geben; schreckliche Dinge
werden geschehen, und am Himmel wird man gewalti-
ge Zeichen sehen.
12 Aber bevor das alles geschieht, wird man euch fest-
nehmen und euch verfolgen. Man wird euch um meines*

Namens willen den Gerichten der Synagogen übergeben, ins Gefängnis werfen und vor Könige und Statthalter bringen.
13 *Dann werdet ihr Zeugnis ablegen können.*
14 *Nehmt euch fest vor, nicht im voraus für eure Verteidigung zu sorgen;*
15 *denn ich werde euch die Worte und die Weisheit eingeben, so daß alle eure Gegner nicht dagegen ankommen und nichts dagegen sagen können.*
16 *Sogar eure Eltern und Geschwister, eure Verwandten und Freunde werden euch ausliefern, und manche von euch wird man töten.*
17 *Und ihr werdet um meines Namens willen von allen gehaßt werden.*
18 *Und doch wird euch kein Haar gekrümmt werden.*
19 *Wenn ihr standhaft bleibt, werdet ihr das Leben gewinnen.*

EINE LIEBLINGSTÄTIGKEIT – NICHT nur politischer Prominenz – ist das „Enthüllen“ von Denkmälern und Gedenktafeln! In der Vergnügungsindustrie lebt ein ganzer Berufszweig vom „Enthüllen“, vom Striptease! In der Presse aller Seriositätsgrade feiert der „Enthüllungsjournalismus“ große Triumphe. Es wird immer mehr enthüllt „Enthüllen“, „Aufdecken“ ist „mega-in“.

Ja gerade Zeiten, in denen Gewißheiten und Ansprüche schmelzen wie die Polkappen aufgrund der Klimaerwärmung, in denen Terrorismus und Globalisierung, Gen- und Nanotechnik, Naturkatastrophen aller Art menschliche Urängste grauenhaft bedienen, wird heftig nach Erklärungen, ja Enthüllungen der letzten Ursachen verlangt. Die Enthüllung der letzten Ursache: diese Enthüllung hat einen uralten griechischen Namen, der aber erst durch einen Hollywood-Film so richtig populär geworden ist: „Apokalypse". Die „apokalyptischen Reiter" von Albrecht Dürer bilden geradezu ein possierliches Vergnügungsensemble im Vergleich zum Personal, das Francis Ford Coppola in seinem Film „Apocalypse Now" 1979 aufbietet. Tatsächlich macht das Grauenhafte wirkliche Fortschritte, wie die Völkermorde des 20. Jahrhunderts zeigen. Immer mehr Menschen leben unter dem Grauschleier des Grauens oder flüchten in physische oder psychische Drogen, die schnelle Erleuchtung und Erlösung versprechen. Da passen die Worte Jesu unseres Tagesevangeliums ganz genau. Er enthüllt, was kommt, und das ist wirklich nicht nur „Apocalypse Now", das ist „Apocalypse Now Redux", unter diesem Titel präsentierte Coppola seinen Film 22 Jahre später, 2001, „digital verfeinert" und um 53 Minuten verlängert, erneut in Cannes mit gigantischem Erfolg. Das Grauen wird länger und macht Fortschritte!

Jesus stellt sich diesem Grauen, er beschreibt es präzise und drastisch, aber er zeigt auch in knappen Sätzen, wie der Christ damit umzugehen hat: „Laßt euch nicht irreführen!" Flucht in

Drogen und Kulte des Irrationalen sind keine (Er-) Lösung. Die Versuchung der Esoterik ist die treue Begleiterin allen Grauens durch die Jahrtausende hindurch. Das apokalyptische Grauen wird alle Bindungen und Sicherungen, auch die von Familie und Freundschaft, zerstören. Trotz dieser Aussichten darf sich der Christ nicht auf seine Verteidigung fixieren, „denn ich werde euch die Worte und die Weisheit eingeben, so daß all eure Gegner sich geschlagen geben müssen und nicht mehr widerstehen können" (Lk 21,15).

Jesus verspricht denjenigen, die sich nicht irreführen lassen, die nicht die Flucht antreten, seine persönliche Verteidigung, ja er steigert dieses Versprechen noch dadurch, daß er hinzufügt: „Doch wird euch kein Haar gekrümmt werden." Dieses Versprechen des Herrn gilt allerdings nur für die, die durchhalten, die sich nicht irreführen lassen, die sich auch nicht auf ihre Verteidigung fixieren, die standhaft bleiben, diejenigen, die die Geduld nicht verlieren. Luther übersetzt den letzten Satz unseres Tagesevangeliums großartig: „In eurer Geduld werdet ihr eure Seelen besitzen".

Genau darum geht es, um den Besitz der Seele. Wir können sie verlieren in der Ungeduld esoterischer Scheinlösungen, in der starren Fixierung auf Verteidigung, die doch häufig nur ein bizzarer Dialog mit dem apokalyptischen Grauen ist: „Das Grauen hat ein Gesicht und man muß sich das Grauen zum Freund machen", läßt Coppola den durchgeknallten Colonel Kurtz in seinem makaberen Dschungelreich, „dem Herz der Finsternis“, sagen. Diese Art von Dialog ist absurd und wird selbst zum apokalyptischen Zeichen des Grauens. „Laßt euch nicht irreführen“, bleibt die aktuelle Mahnung, der einzige Ausweg aus dem Grauen, das uns umgibt. Der einzige Ausweg aus der „Apocalypse Now“ ist das Vertrauen in die alles besiegende Liebe des Gekreuzigten, der als Opfer der Gewalt alle Gewalt besiegt hat. So könnte man „The Passion“ von Mel Gibson (2004) als die cineastische Antwort auf die „Apocalypse Now“ von Francis F. Coppola sehen! Jesus enthüllt heute die Zukunft, weil er selbst unsere Zukunft ist, und zwar garantiert.

Verzeichnis der Bibelstellen und Sonntage im Jahreskreis

Peter Dermühl/Michael Westermann

Die schönsten Wallfahrtsorte

Kraftquellen in Bayern, Böhmen, Österreich und Südtirol

Bayern, Böhmen, Österreich und Südtirol sind Regionen, in denen Landschaft und Brauchtum eine lebendige und faszinierende Symbiose eingegangen sind. Das Herz dieser Kulturlandschaften schlägt katholisch, und die alten und ehrwürdigen Wallfahrtsorte sind wahre Herzstücke gläubigen Lebens, die den Geist Europas geprägt haben. Der Journalist Peter Dermühl hat sich zu diesen Kraftquellen des Glaubens und Lebens aufgemacht und sie mit den eindrücklichen Bildern Michael Westermanns und einfühlsamen Texten erschlossen.

ISBN 978-3-86744-009-7
gebunden, 176 Seiten

SANKT ULRICH VERLAG